KB136390

흐르는 강물처럼.

4대강 르포르타주

우리 곁을 떠난
강, 마을, 사람들의
이야기

흐르는 강물처럼

글 송기역   사진 이상엽

평화와 진보, 그리고 문화의 미디어
레디앙

죽어가는 강으로 귀한 책을 얻었건만, 여전히 슬프구나

최성각 (작가, 풀꽃평화연구소장)

이 책은 한 시인과 사진작가가 지난해(2010년) 4월부터 반년여에 걸쳐 사람의 이성과 감성으로는 도저히 납득이 안 되는 4대강 파괴의 현장을 찾아다니며 보고 듣고 담은 처절하지만 지극히 아름다운 기록물이다. 시인은 가슴속에 죽임의 처절함과 그로 인해 야기된 애끓는 슬픔을 담았고, 사진작가는 "단 2년 만에 처참하게 변화해버린" 이 나라의 강과 숲을 냉정한 자세로 카메라에 담았다. 시인은 강과 함께 살아온 사람들을 만났고, 그 사람들의 볼을 타고 흐르는 눈물을 보았다. 그리고 그 눈물방울을 '세상에서 가장 작은 강물'로 여기며 동병상련했다. 사진작가는 기록을 자임했다는 단지 그 이유만으로 파괴로 인해 고통을 얻고 있는 이들로부터 오해를 받기도 했고, 비밀스레 공사를 강행하는 이들로부터는 모욕을 당했고, 때로는 어이없는 주먹질까지 당했다.

나는 두 예술가가 자신이 보고 듣고 느낀 것만을 담겠다는 정직한 태도로 일관해 세상에 내놓은 이 뜨겁지만 슬픈 책으로 인해 너무나 벅찬 감동을 받았다. 이들은 최소한 이 기록에서만큼은 누구도 감행하지 못한 치열한 현장주의자들이었다. 비범한 이들은 책상 위에서 세계를 조망하겠지만, 보통사람들은 제 발로 가서 제 눈으로 보고, 제 귀로 그곳 사람들의 목소리와 강과 숲이, 모래가, 급속히 사라지고 있는 생명 가진 것들의 목소리를 듣는 수밖에 없다. 그런 생체험의 나눔은 현장주의자이기를 포기한 이들로부터는 얻을 수 없다. 나는 해석하고 분석하고 가르치려는 사람들보다는 언제나 현장주의자들을 믿는다. 붓다나 예수도 기실은 탁상공론의 사람들이 아니라 치열한 현장주의자들이었다는 의미에서 나는 현장주의를 신봉하고 현장에 몸을 던진 이들의 말에 가장 큰 신뢰의 마음으로 귀를 기울인다.

그래서 이 책은 실감의 책이고, 그 실감이 사람의 가슴을 아프게 찌르고 울린다는 의미에서 공명의 책이다. 무엇이 공명되는가. 슬픔이다. 그래서 이 책은 부득불 슬픔의 책이라는 정의를 하나 더 보태야 한다.

시인과 사진작가는 이 험하고 고된 기록작업을 자신을 위해 수행하지 않았다. 생업에 붙잡힌 세상 사람들 모두 어떻게 이 처참한 국토파괴의 범죄현장을 다 보고 샅샅이 살필 수 있을까? 모두가 보고 느끼면 좋으련만, 환경운동가 감병만 씨 말대로 그 파괴와 상처의 현장에서 회복과 치유와 구원의 힘을 얻을 텐데, 하는 소망에서 그 소망을 쉬이 썩지 않을 책에 담아 간직하고자 예술가들이 대신 간 것이다. 예술가들은 본시 사람들 누구에게나 그 마음속에 있는 것들을 대신 끄집어내 실물로 확인시켜 주는 것이 본분인 이들이 아니었는가. 그런 점에서 이 책을 만든 시인과 사진작가는 그 본래적 본분에 더할 나위 없이 충실했다. 급하게 파괴되고 있는 산천의 목격자로서 헌신했고, 증언자로서 성실했고, 기록자로서 치열했으며, 인간으로서 정직했다. 파괴는 가치 없는 짓이며 그 과정이나 결과가 매우 흉악하지만, 파괴를 담은 기록은 이 책처럼 그것이 제대로 담긴 기록이었을 때 너무나 슬프고 아름답다는 것은 예상치 못한 아이러니이고, 서글픈 소득이 아닐 수 없다.

나는 권세를 지닌 이들과 토목장사꾼들이 4대강에 손을 대면서 뭐라고 말장난을 하든, 이 대규모 산천파괴를 범죄행위라고 단언한다. 본문 어느 대목에도 지금 이 사태는 한 나라가 외세에 강점되고 유린되는 것에 비견해야 할 일이 아니겠는가, 그런 대목이 나온다. 나라가 외세에 강점당할 때 오로지 저항이 의무이듯이 4대강 파괴에 저항하고 중지를 촉구하고, 파괴의 현장을 철저하게 기록하는 것은 허락된 유일한 의무일 수밖에 없다. 저항의 당위성이라 해도 좋겠다. 속도전을 벌여 숲을 무너뜨리고, 강물을 막고, 모래와 골재를 퍼내는 이들조차도 왜 이런 공사를 하고 있고, 왜 해야 하는지 잘 모르고 있었다. 민족중흥을 위해서도 아니고, 국토의 재건을 위해서도 아니고, 가뭄과 홍수를 위해서라곤 하지만 그것도 단지 새빨간 핑계일 뿐이라는 것을 공사장 인부들도 잘 알고 있었다. 널리 알려져 있듯이 산천파괴의 역사는 사실 어제오늘의 일은 아니다. 공업사회로 빠르게 진입하는 것만이 사는 길이라고 철석같이 믿는 그 순간부터 자연은 단지 자원가치로 간주되기 시작했다. 숲이 베어지면서 산은 허물어지기 시작했고, 폐수를 내뿜는 공장이 빠르게 건설되기 시작했고, 굴뚝에서 내뿜는 연기는 곧 성장을 상징하는 은총의 연기로 축복받기 시작했다. 건설과 증산, 개발과 성장가치는 사람살이의 토대를 무너뜨리면서도 한 치의 의심 없이 강화되고 부추겨져야 하는 유일한 시대가치였다. 그것은 널리 알려져 있듯이 독재정권이나 그 후 간신히 고개를 쳐들었던 이른바 민주화정권시절이나 진배없었다. 자연을 대하는 태도들에서 그들은 두 얼굴의 한 뿌리 형제들이었다. 그 끔찍한 형제결속은 어떻게 가능했을까? 동시대의 보통사람들이 그들더러 개발과 성장의 선봉이 되어달라고 열렬한 얼굴들로 의탁했기 때문이다.

그래서 작금의 4대강 파괴는 정확하게는 이명박 정권의 수장인 '이명박' 개인의 책임이 가장 심대하지만, 안하무인이고 고집스럽다는 의미에서 참으로 특별한 인성을 지닌 그의 파멸적 행위에 제때 제동을 걸지 못했을 뿐 아니라 무기력과 무관심으로 동조했던 우리 시대 모두의 책임이라 할 만하다. 그런 점에서 우리 모두는 경중의 차이야 있겠지만 이 범죄의 가담자라는 자책에서 누구도 자유로울 수 없다. 나는 왜 4대강 파괴를 거대한 범죄행위라 자주 단언하는가? 이 책에 담겨 있는 치열한 현장의 이야기들과 피 끓는 강안(江岸) 사람들의 절규, 강을 지키기 위해 애쓰는 사람들의 분노와 싸움으로서 얻게 된 깨달음의 목소리들, 그리고 처참한 상처의 풍경들을 만약 마음속 깊은 곳의 양심의 눈으로 잘 헤아려 살피기만 한다면, 왜 이 폭력적인 토목공사를 범죄라 단죄해야 하는지 누구나 어렵지 않게 공감할 수 있으리라 믿는다.

나는 글로, 때로는 사람들 숲에서 기회 있을 때마다 줄기차게 말해 왔지만, 이 산천은 이명박 정권의 것이 아니다. 토목업자들의 것도 아니요, 땅투기꾼들의 것도 아니요, 그렇다고 우리의 것도 당연히 아니다. 산천은 본시 누구의 소유도 아니다. 산천이 한번도 우리를 소유한 적이 없기 때문이다. 다시 말하건대, 우리는 결단코 이 산천의 주요인물이 아니다. 관리자도 아니고, 통솔자도 아니다. 이 산천에서 이익만 뽑아낼 투기꾼도 아니다. 다만 확실한 것은 우리가 이 산천에 속해 있을 뿐이다. 우리 목숨이 바로 이 산천에 의지하고 있고, 산천은 우리를 포함해 모든 생명체들을 무심하게 품고 있다는 점에서 우리는 단지 짧은 한순간의 기생자일 뿐이다. 이것이 가장 간명한 산천과 사람간의 관계이고, 이게 결국은 전부 다인 것이다. 누가 무슨 권한으로 이 산천을 이토록 철저하게 분탕질할 폭력을 허락했을까? 지금 천문학적인 돈을 들여 무자비하게 없애고 죽인 것들이 본래 대로 회복되는 데 얼마만한 시간이 걸릴까? 이 불필요한 비용을 낭비한 죄악을 과연 누가 책임질 수 있을까? 무슨 까닭으로 이 가증스러운 산천파괴 장사에 우리는 이 지경으로 둔감하고, 무기력해졌는가? 강을 죽이고, 강에 붙어 누대를 살아왔던 사람들을 피눈물 흘리며 서로 헤어지게 만들고, '서 있는 강'인 숲을 베고, '흐르는 숲'인 강에 포클레인을 집어넣어 불필요할 뿐 아니라 과도한 준설로 모래장사를 하고, 우리보다 더 오랜 시간 강과 함께 살아온 생명체들을 일거에 죽이고 사라지게 하는 이 범죄의 시대에 우리는 또한 돈 때문에 산 것들을 산 채로 파묻는 살처분까지 감행하고 있다. 우리가 과연 나무나 햇살을 머금은 여울보다 이 행성에 보탬이 되는 유익한 존재일까?

일찍이 맹자는 '측은지심이 없으면 인간이 아니다(無惻隱之心非人也)'라고 단언했다. 그 말을 거울로 지금 우리 시대를 살펴본다면, 우리는 지금 인간도 아니다.

　이 책은 그래서, 그럼에도 불구하고 여전히 우리는 인간이라는 항변의 책이기도 하다. 쓸쓸하고 슬프다. 우리도 인간이냐는 질문을 해야 하는 시절은 너무나 비참하다. 우리도 인간이라는 것을 증명하기 위해 다시는 이런 슬프고 눈물 나는 책이 묶이지 않았으면 좋겠다. 곧 지나가겠지만, 이명박 시대도 우리 삶의 일부이다. 이 시대를 흘려보내면서 우리 삶에 이 책만큼은 우리의 일부인양 같이 흘렀으면 좋겠다. 4대강 파괴의 확신범인 이명박 대통령이 이 책을 탄생시켰기에 본인의 의사와는 관계없이 그는 원인제공자로서 이 책의 공동저자라 말할 수 있다. 이미 충분히 넉넉한 그에게 인세까지 챙겨줄 필요는 없겠지만 이 책을 가능하게 한 이는 사실인즉 이명박 대통령이라 우리는 역설의 어조로 분명하게 명토 박아 놓는다. 그가 권력을 잡은 이래 그 잠시 상간에 무슨 짓을 했는지 지금은 잘 모르고 있으므로 그보다 몇 천 배 더 긴 시간 이 세상에 남아 있을 이 책이 한때 그가 한 일을 가감 없이 증거할 것이므로, 그는 결국 이 책에 사로잡힌 셈이다. 4대강 파괴라는 범죄행각에 직접 가담자는 아니지만, 우리 또한 미필적 고의의 태무심한 방관자로서 이 책에 덜미 잡혔다. 그러나 이 책을 통해 진상의 아주 작은 일부나마 감지할 수 있게 되었으므로 일말의 책임감이라도 느낀다면 우리의 질병 같은 무기력과 인간으로서의 최소한의 죄의식은 어느 정도 탕감될 수도 있을 것이다. 그래서 이 책은 매우 침착한 문체와 설명이 필요 없는 사진으로 인해 눈물겹도록 아름다운 책이지만, 무서운 책이라 말해도 된다. 이 부드럽고 무서운 책을 만들어내는 데 자신이 지니고 있는 것을 아끼지 않은 사람들, 우리를 공감으로 눈시울 적시게 만든 상처받은 강안 사람들, 강을 지키는 것을 본업으로 받아들인 이 나라 구석구석에 질경이처럼 굳세게 버티고 있는 여러 환경운동가들에게 우리는 결국, 빚졌다.

우리 산하가 지금 격심하게 고통 받고 있으므로, 고통의 현장이 잘 담겨 있는 이 책을 서둘러 구입해 살피고 널리 퍼뜨리는 것은 이제부터 우리 의무다.

생명의 강을 회복하는
희망의 불씨가 되기를

최병성(목사, 《강은 살아 있다》 저자)

대한민국 역사 이래 4대강 사업보다 더 어리석고 처참한 국토 파괴가 있었을까요? 아닙니다. 이처럼 무모하고 처절한 국토 훼손은 우리 모두가 처음 들어보는 일이요, 앞으로도 없을 대재앙입니다. 과거 나라를 잃었던 일제 침탈 40여 년의 기간에도 4대강 사업처럼 아름다운 우리 산하를 무참히 난도질하는 일은 없었습니다.

우리는 지금 한강·낙동강·금강·영산강이 사라지는 재앙을 눈앞에서 보고 있습니다. 지난 수만 년 이 땅을 보듬고 흐르던 우리의 문화와 역사요, 우리의 숨결이던 생명의 강이 '변종운하'로 전락하는 안타까운 현실을 바라보고 있습니다. 그러나 권력의 눈치나 보는 언론들은 4대강 사업이라는 재앙의 진실 앞에 눈을 감고 있습니다. 아니 오히려 환경파괴의 재앙을 녹색이란 감언이설로 포장하여 국민의 눈과 귀를 가리는 데 앞장서고 있습니다.

4대강 사업으로 발생하는 재앙은 너무도 막대한데 언론들이 침묵하니 국민들은 그 진실을 모르고 있습니다. 이러한 때에 무참히 난도질당하는 4대강의 진실을 글과 사진으로 기록한《흐르는 강물처럼》이 발간된다니 참으로 반가운 마음입니다.

《흐르는 강물처럼》은 30여 년 전 이명박 전(前) '현대건설' 사장이 파괴한 한강의 아픔을 통해 4대강 사업이 얼마나 어리석은 일이 될지 분명하게 보여줍니다.《흐르는 강물처럼》에는 그림 같던 은빛 모래를 빼앗긴 낙동강의 피울음이 있습니다.《흐르는 강물처럼》에는 탐욕의 삽질 아래 파괴 되어가는 금강의 눈물과 영산강의 탄식 소리가 흐르고 있습니다.

글쓴이 송기역 작가와 함께 지난해 한강의 바위늪구비 맑은 여울에 발을 담그기도 했습니다. 소살거리는 부드러운 속삭임으로 다가와 우리 영혼을 맑게 해주던 여울이었는데, 이명박 정권의 삽질을 피하지 못하고 사라지고 말았습니다. 건설업자들의 주머니만 두둑이 불려주는 이명박 정권 아래서는 어제의 기억이 오랜 옛날의 희미함이 되고 있습니다. 이상엽 사진작가와는 우리가 잃어버린 4대강의 아름다움을 이야기하며 함께 가슴 아파하기도 했습니다. 4대강의 눈물을 외면하지 않고 구석구석 현장을 찾아가 마음 아련해오는 글로, 우리 눈에 슬픔과 분노를 일게 하는 생생한 사진으로 보여주는 두 분의 귀한 발걸음이 그저 고맙기만 합니다.

 구제역으로 350만 마리가 넘는 소와 돼지를, 조류인플루엔자로 500만 마리가 넘는 닭과 오리를 생매장하는 안타까운 일이 벌어졌습니다. 구제역에는 그토록 무능하였던 이명박 정부는 4대강 사업에는 마치 전쟁이 난 것처럼 열심입니다. 얼음이 꽁꽁 어는 추운 겨울을 마다않고 강을 파헤쳐왔습니다. 이명박 전(前) 서울시장의 임기 안에 완공하기 위해 청계천을 콘크리트 어항으로 만들었던 것처럼 오직 하나, 이명박 대통령의 임기 안에 4대강 사업을 완공하기 위해 무리수를 두고 있는 것입니다.

 국민의 소리에 귀를 닫고 저토록 속도전으로 '강 죽이기'에 몰두하니 이제 몇 달 뒤면 4대강에서 '보'라 불리는 거대한 괴물들을 만나게 될 것입니다. 4대강 사업으로 강에 물이 가득해지고, 강변에 자전거 도로와 공원이 조성되면 강이 더 아름다워진 것일까요? 아닙니다. 강은 물만 가득한 곳이 아닙니다. 강은 굽이굽이 흐르는 물살과 은빛 모래와 강변 나무들과 그 안에 깃든 수많은 생명들의 총체이며 물은 강의 한 부분일 뿐입니다. 결국 썩은 물만 가득해질 4대강 사업은 거대한 재앙을 쌓는 바벨탑에 불과합니다.

 조만간 4대강 사업이 완공되면 싸움이 끝나는 것일까요? 결코 아닙니다. 4대강을 지키기 위한 싸움은 지금부터입니다. 이명박 정권이 강행하는 4대강 사업의 진짜 목적은 강변 개발에 있기 때문입니다. 준설과 보 공사가 끝나면 곧 강변에는 아파트, 고급 전원주택, 놀이터 등이 속속 들어 설 것입니다. 4대강 사업의 진짜 문제는 바로 여기에 있습니다. 강의 생명은 흐르는 역동성에 있습니다. 이명박 정권이 4대강에 거대한 보를 완공할지라도, 이명박 정권이 끝난 후 수문만 열어주면 강은 홍수를 통해 스스로를 치유하며 다시 생명을 창조합니다. 제방 안의 강은 흐르기만 하면 다시 새로워질 수 있습니다. 그러나 강변에 개발이라는 이름으로 탐욕의 삽질이 시작되고 강변이 사유 재산이 된다면 다시 되돌릴 수 없습니다.

이명박 대통령이 4대강 사업의 모델로 제시한 여의도 앞 한강엔 물이 가득합니다. 그러나 물이 썩어 취수장이 단 하나도 없습니다. 물은 많으나 먹을 물이 없는 한강! 바로 이게 4대강 사업의 미래입니다. 이명박 대통령이 그토록 아름답다고 칭송한 한강, 그곳엔 흰 날개를 퍼덕이는 멋진 고니를 볼 수 없습니다. 고니를 닮은 플라스틱 오리배만 둥둥 떠 있을 뿐입니다. 철새 낙원을 만든다는 4대강 사업 덕에 철새가 찾아 올 수 없는 변종운하가 바로 4대강의 미래입니다.

대한민국 1퍼센트의 하천을 파서 99퍼센트 하천의 홍수를 예방한다는 4대강 사업. 하나님도 할 수 없는 일을 이명박 장로는 할 수 있다니 지나가던 개가 들어도 웃을 일입니다. 지난 가을 서울 광화문의 침수 사태는 4대강 사업이 역사 이래 최대의 대국민 사기극임을 여실히 증명했습니다. 이명박 전(前) '현대건설' 사장이 건설했던 경기도 연천댐이 1996년과 1999년 두 번이나 홍수를 일으키고 결국 철거되었던 것처럼, 4대강 사업은 4대강 유역에 대홍수를 불러올 재앙이 될 것입니다. 안전을 호언장담하던 일본 원자력 발전소가 지진으로 국민의 생명을 위협하는 흉기로 돌변한 것처럼, 자연의 힘 앞에 인간의 오만한 기술은 스스로를 해치는 재앙이 될 뿐입니다.

청계천을 살린 것처럼 4대강을 살리겠다는 이명박 대통령의 말씀은 4대강 사업 역시 국민을 속이는 거짓말 잔치가 될 것임을 스스로 증명하는 말입니다. 청계천을 복원하니 섬진강에 살던 갈겨니가 청계천의 맑은 물을 따라 돌아왔다는 코미디가 벌어지는 곳이 청계천입니다. 2006년부터 2009년까지 4년 동안 무려 300만 마리의 다슬기를 청계천에 방류하였으나, 지금은 단 한 마리도 살지 않습니다. 하천 청소부로서 생명력이 강한 다슬기조차 살 수 없는 청계천은 4대강의 어두운 미래를 여실히 보여주고 있습니다. 5.8킬로미터에 불과한 청계천을 유지관리하기 위해 연간 투입되는 혈세가 100억 원에 이릅니다. 이는 4대강 완공 후 690킬로미터가 넘는 4대강 관리를 위해 얼마나 많은 혈세가 퍼부어져야 하는지 증명하고 있습니다.

순천만에는 연간 수십만 명의 관광객이 찾아옵니다. 갯벌 하나가 순천시를 먹여 살리고 있습니다. 잘 보존된 자연환경이 얼마나 큰 가치를 지니고 있는지 극명하게 보여주는 사례입니다. 자연유산이 곧 최고의 문화유산이 되는 시대가 되었습니다. 아름답던 생명의 강을 훼손한 4대강 사업은 엄청난 국가적 손실입니다. 이제 우리는 후손들에게 어떤 강을 물려주어야 할지 고민해야 할 때입니다.

들판을 태우는 거대한 불길은 작은 불씨로부터 시작됩니다. 오늘 세상을 향해 달려 나가는 《흐르는 강물처럼》이 생명의 강을 다시 회복하는 작은 희망의 불씨가 되길 간절히 소망합니다.

《흙》이라는 책의 첫 페이지엔 웬델 베리의 인용문이 있다.
"우리가 땅에 하는 일은 바로 우리 자신에게 하는 일이다."

한때 소련의 공산당 서기장이었던 미하일 고르바초프는 이렇게 말했다.
"우리가 자연을 존경하지 않으면, 종국에는 우리 자신이 사라질 것입니다."

정치는 백성을 다스리는 일이다. 다스림을 뜻하는 한자 '治'는 물(水)이라
는 부수로 만든 말이다. 다스림이 흐르는 강물과 같아야 한다는 뜻을 품
고 있는 것이다.

상품이 아닌 것은 만들지 않는 대기업들이 왜 지금 강에 몰려가 있을까?
태초에 신께서 강을 좋은 상품이 될 수 있게 창조하였던가?

나는 강 위에서 자주 할 말을 잃곤 했지만 말을 해야 했고, 글을 써야
했다.

강은 누구의 것인가? 사는 동안 잠시 기댈 뿐, 삶이 지나고 나면 우리는
다시 강으로 돌아가야 한다.

돌아갈 곳이 없다.

강으로 가는 첫 걸음을 뗄 때 내 목적은 바로 강을 인터뷰하는 것이었다.
삶이 너무도 바빠 강을 찾아가 친구가 되어줄 수 없는 도시 사람들에게 강
의 목소리를 들려주고 싶었다.

하지만 강은 단 한마디도 할 수 없었다. 아픔이 너무 크면 신음이라는
언어만 남는다. 도리가 없었다. 그때 강을 대신해 어떤 사람들이 나에게 말
을 해주었다. 이 책은 그 소리들을 '받아쓰기'한 것이다.

목소리를 들려준 이는 네 개의 강을 지키는 환경운동가, 농민, 노동자들이
다. 나는 별로 한 것이 없다. 별로 한 게 없는데도 녹록치 않은 작업이었다.

한강의 목소리는 최병성, 최혜진, 정나래, 명호, 이항진, 마용운이 들려주
었다. 낙동강의 목소리는 지율 스님, 감병만, 이준경이 들려주었다. 금강의
목소리는 이경호가 들려주었다. 영산강은 임창옥과 최지현이 들려주었다.
영주 수몰지는 박세원과 김진창이 들려주었다. 팔당 두물머리는 방춘배가

들려주었다.

나는 이들의 눈물을 엿보았다. 그 눈물은 세상에서 가장 작은 강이었다. 우리들의 눈동자엔 보이지 않는 강 하나씩 흐르고 있다. 그 강가에서 살고 싶다. 하지만 강이 사라진 땅에서 그 강도 사라지지 않을까 두렵다. 그런 날엔 우린 어디에 서서 울어야 할까?

책에 실리지 않은 마을과 사람들의 이야기가 많다. 여러 이유로 많은 목소리들을 싣지 못하였다. 그 목소리들에게 죄송하다.

먼 길을 함께 다닌 강물들이 그립다. 강이 만들어준 인연이다.

답사 이끔이 강은주와 장세명. 반년에 걸친 답사 기간 동안 두 사람의 헌신이 없었으면 이 책은 나오기 어려웠을 것이다. 이들은 발바닥 손바닥으로 답사를 이끌었다. 새만금 지킴이 '칼라TV'의 오종환 감독과 '처절한 기타맨' 김일안은 영상을 기록했다. 사진작가 이상엽과 함께 강을 사진기에 담은 사람들이 많다. 진보신당 사진동호회 '진상' 회원들과 많은 시민들이 함께했다. 박용훈은 영주댐을 기록한 사진을 보내주었다. 출판 노동자 이정신이 마지막 수고를 보탰다.

김소연은 이 책이 강에서 멀어진 이들과 만날 수 있게 생각을 보태어 주었다.

이 책은 창휘, 지영이, 그리고 내 친구가 낳은 생명인 강이, 산이, 곧 대학생이 되는 우주의 미래에 보내는 편지이다.

한강,

금강,

영산강,

낙동강,

그리고 이 네 강의 실핏줄인 지천들에게 바친다.

2011년 3월, 송기역

1
부

한
강

고요한 한江

두물머리 끝엔 나무십자가가 있다

모든 것이 사라졌다고 느낄 때까지 남는 것

옛날 내가 어렸을 때 부친께서 말씀하시길,
"너는 글쓰기를 좋아하니까 언젠가는 우리의 이야기를 쓰거라.
그래야 우리가 겪었던 일이 무엇인지를 알게 된단다" 하셨다.

—영화 〈흐르는 강물처럼〉에서

1부

한강

강원도

북한강

경기도

서울특별시

한강천

여주강변저류지

남한강   충청북도

한강 양쪽으로 콘크리트 제방이 만들어진 지도 30년이 넘었다.

1982년 착공해 1986년 완공된 한강종합개발은 1조 원 가까운 비용을 투여해

서울 도심을 가로지르는 인공하천을 만들어 놓았다.

자연하천의 모습은 간데없고 개발 독재의 황량한 풍경만 남겨 놓았다.

고요한 한江

죽임의 보,
살림의 강

긴 여정이 한강에서 시작되었다.

　강에 모인 사람들은 모두 기록자다. '칼라TV'는 카메라를 들고, 다큐멘터리 사진작가 이상엽과 사진동호회 '진상' 회원들, 그리고 시민들이 사진기를 들고 첫 걸음을 뗀다. 2010년 4월 24일 오전 9시가 넘은 시각, 답사팀 일행은 국회의사당에서 출발해 여의도 고수부지를 향해 걷는다.

　강 건너 밤섬이 보이는 서강대교 아래서 김현우 씨(진보신당 녹색위원회)의 안내로 한강시민공원을 걷기 시작한다. 여의도지구는 영화 〈괴물〉에서 괴물이 처음 출현해 시민들을 습격하는 장면을 찍은 장소다. 〈괴물〉은 오염된 한강에서 기형 물고기가 나오면서 벌어지는 일을 소재로 하고 있다. 서울시의 '한강 르네상스' 사업으로 영화 속에서 보았던 버드나무와 매점과 잔

디밭은 찾아볼 수 없다. 매점 대신 편의점이 들어섰고, 잔디밭이 있던 자리
엔 콘크리트가 깔렸다. 영화에서 매점을 운영하던 강두의 가족이 살아남는
다면, '한강 르네상스' 개발 이후의 삶이 어떠했을까 하는 궁금증이 인다.

콘크리트 길을 걷다 고개를 돌리자 강물 위로 민물가마우지 한 마리가
호젓하게 날고 있다. 밤섬 위에선 흰뺨검둥오리들이 두 마리씩 짝을 지어 날
개를 펴고 있다. 함께 걷던 김현우 씨가 밤섬 옆 구조물을 가리키며 말한다.

"밤섬은 1968년 폭파되었습니다. 그런데 자연 퇴적으로 섬이 살아나
서 점점 커지고 있어요. 현재는 새와 물고기들이 찾아와 알을 낳고 먹
을 것을 찾는 보금자리 역할을 하고 있습니다. 그런데 저기 보세요. 밤
섬 옆에 카페를 겸한 공연무대를 만들고 있어요. 밤에 조명과 소음이
커서 생태계에 영향을 줘요."

아름다운 밤섬을 폭파한 이유는 여의도 개발에 필요한 모래와 자갈을
채취하기 위해서였다. 600여 명의 주민이 살아온 밤섬이 사라진 이후 40여
년의 세월이 흘렀다. '그냥 내버려둔' 폐허 위에 토사가 서서히 쌓이면서 모
래톱이 생겼다. 습지가 만들어지고 생태계가 회복된 밤섬은 철새 도래지가
되었다. 한강에 모래무지가 다시 등장한 것은 그네들의 서식처인 모래가 밤
섬 등지에 쌓였기 때문이다.

자연을 파괴한 인간이 밤섬을 잊고 있는 동안, 밤섬은 스스로를 치유하
며 아름다운 섬으로 되살아났다. 자연 스스로의 치유를 두고 위정자들은,
자신들이 한강을 살려 냈다며 열띤 홍보를 하고 있다. 그리고 그들은 지금
'한강 르네상스'라는 이름으로 인공 섬 '플로팅 아일랜드'를 건설하고 있다.

콘크리트가 흉하다며 오세훈 서울 시장은 석축을 쌓았다.
물가에 가보는 것도 두렵다. 이런 장식이 자연에 가깝다고 생각하는 이들은
진짜 자연을, 진짜 강을 보지 못한 것이다. 도시의 강은 이렇게 변해간다.
오리라고 이곳에 머물고 싶겠나?

한때 죽음의 물이 된 시화호, 그리고 현재도 안간힘을 다해 스스로를 치유하고 있는 태안 앞바다도 인간의 관리와 보호로 되살아난 것이 아니다. 눈에 보이지 않지만 강과 바다가 품고 있는 삶에 대한 의지가 스스로를 살려내고 있는 것이다.

물가를 따라 정원석을 쌓아 조성한 '자연형 호안' 구간이 한동안 이어진다. 인공적으로 깎은 바위더미가 물가를 따라 줄지어 늘어서 있다. 서울시는 자갈밭 대신 '자연형 호안'을 한강 전역에 걸쳐 조성하고 있다. 우리가 서 있는 곳의 지형은 석축을 걷어내면 자연스럽게 모래가 쌓이는 곳이다. 호안을 따라 짙푸른 녹조가 끼어 있다. 녹조가 끼는 이유를 김현우 씨가 설명한다.

"한강의 수질이 많이 개선됐다고 하지만 질소와 인이 많아 이렇게 녹조가 생겨요. 청계천도 녹조가 생겨서 밤마다 관리하는 분들이 긁어내고 있어요. 물이 고여 있으면 녹조는 생길 수밖에 없어요."

서울시는 2014년까지 한강 일대에 72킬로미터의 호안을 쌓을 예정이다. 우리는 콘크리트길을 따라 계속 걸었다. 정부는 '4대강 살리기'의 모델로 한강을 제시했다. 우리가 걷고 있는 공원과 한강의 모습은 4대강의 미래다.

녹조와 콘크리트길과 제방, 그 위로 난 도로, 모래섬을 없애고 만든 아파트와 플로팅 아일랜드, 모래톱과 자갈밭을 잃어버린 강변, 손과 발 그리고 사람의 몸을 담을 수 없는 죽음의 강, 사회적 불평등과 소외와 일상화된 차별의 도시에서 버려진 사람들이 목숨을 내던지는 강, 해마다 물고기들을 방류해야 하는 어항이 바로 한강의 모습이다. 물고기가 없고 사람도 들어갈 수 없는 금지된 강이 한강이다. '4대강 살리기'는 전국의 강을 한강으로 만드는 일이다. 머잖아 우리는 한반도 전역에서 금강, 영산강, 낙동강이 아닌 또 다른 한강을 만나게 될지도 모른다.

한강시민공원에는 시민들이 찾아와 휴일을 즐기고 있다. 비록 콘크리트로 뒤덮인 강변이지만 사람들은 마음의 쉼을 찾아 한강을 찾아온다.

불현듯 한 시인의 목소리가 들려온다. 한강에 올 때마다 나는 몇 해 머물지 못하고 서울을 떠난 그의 한마디를 떠올리곤 했다. 10여 년 전, 그와 함께 지하철을 타고 당산철교를 건널 때였다. 시인은 창밖을 보며 말했다.

"난 한강을 건널 때만 살아 있어요."

한강은 학창시절 우리가 어린 시절에 보던 웅포 금강과 다른 강이었다. 자연 그대로여서 아름다운, 짠내 나는 웅포의 강과 달랐다. 그럼에도 그가 한강을 단지 바라보는 것만으로도 살아 있다고 말한 것은 이 도시가 콘크리트 위에 세워진 죽음의 도시였기 때문일 것이다.

유람선 선착장 앞. 강물을 가로지르며 요트 몇 대가 굉음을 내며 질주한다.

마포대교 가까이 이르러 콘크리트 대신 자연스런 지형을 살린, 아니 흉내를 낸 구간이 펼쳐진다. 물가 쪽엔 모래를 깔고 위쪽엔 박석을 깔았다. 한강에 건설한 수중보를 허물고 콘크리트를 없애면 모래사장이 펼쳐질 수 있는 곳이다. 장세명 씨(진보신당 녹색위원회)가 휴대용 확성기를 잡고 설명한다.

한강에 이렇게 큰 자라가 살고 있다는 것이 놀라웠고,

무엇 때문에 죽었을까 근심에 빠진다.

물은 깊고 모래는 없는 곳이니, 어떤 보살이 방생한 자라라 생각되지만

스스로 자살할 리 없으니 분명 자라의 목숨을 앗아간 이유가 있을 것이다.

"홍수나 태풍이 발생하면 흙과 모래가 이런 곳에 떠내려오고 쌓이게
됩니다. 이 모래는 가져다 부은 것이고요. 강가에 있는 자갈이나 모래
들은 둥글어요. 물에 의해 마모되고 자갈끼리 부딪히면서 오랜 시간에
걸쳐 둥글어지는데, 이 돌을 보면 모난 데다 너무 크죠?"

설명을 듣는 도중 사람들이 술렁이며 한 곳으로 모인다. 물가에 죽은 자
라 한 마리가 몸이 뒤집힌 채 널브러져 있다. 종종 물길을 달리는 요트에 치
여 죽는 자라들이 있다고 한다. 답사 일행은 착잡한 심정으로 자라를 바라
보았다. 일행 중 한 명이 혼잣말하듯 말한다.

"지금 이 자리에 자라가 아닌 죽은 아이가 있다면 사람들은 어떤 느낌
을 받을까요?"

버스를 타고 탄천 합류부로 이동한다. 성남에서 흘러온 탄천이 양재천
을 만나는 곳이다. 역한 비린내가 끼쳐 온다. 흐르는 물을 막아 세운 보 때
문에 물이 고여 썩고 있다. 탄천을 거슬러 올라가면 맑은 물과 우거진 수
풀, 물고기와 새들을 볼 수 있다고 한다.
강변길을 걸으며 잠실 수중보로 향한다. 물속에 녹조가 끼어 있다. 반
시간 남짓 걸어 도착하자 김현우 씨가 설명한다.

"잠실 수중보는 높이가 3미터 정도 됩니다. 잠실과 신곡 수중보는 한
강에 유람선을 띄울 목적으로 일정 유량을 유지하기 위해 만들었습니
다. 보를 만들면 강물은 정체되고 주변은 이렇게 직강화됩니다. 고여

한강변의 둔치가 자연 그대로 살아있는 암사동은

그나마 강변의 풍경을 간직한다.

물이 그 속력을 줄여 모래가 쌓이니 자연스레 하중도가 만들어지고 있다.

하지만 한강의 서울 · 경기도 전 구간에 하중도 따위는 없다.

유속을 느리게 한다는 죄 때문이다.

있던 물이 보를 통해 내려오면서 여기 보시는 것처럼 오염물질이 쌓입니다."

악취에서 벗어나 맑은 공기를 만난 것은 광나루지구 암사생태공원에 다다라서였다. 도심에서 멀어지고 물이 깨끗한 강변에 이르자 숨통이 트이는 듯하다. 그동안 지나온 곳과 달리 물빛이 맑다. 잠실에서 불과 6~7킬로미터 이동한 강의 모습이다. 답사팀 일행은 곳곳에 흩어져 흙을 밟고 서서 갈대숲과 버드나무, 모래섬과 강 풍경을 향해 카메라 셔터를 누른다.

모래섬에서 자라는 나무들의 잎이 푸르다. 암사생태복원지역은 적은 예산으로도 원래의 자연 경관을 회복시켰다. 사람의 손과 발이 줄어들 때 자연이 아름다워진다는 것을 물새가 노니는 강과 강변의 풍경은 깨우쳐주고 있다.

당신의 잠자고 있는 1억,
한강을 소유하세요

서울을 벗어나 한국 유기농업의 메카로 알려진 팔당 두물머리로 가고 있다. 이 지역 사람들이 '두머리'라고도 부르는 두물머리는 양수리의 우리말 이름으로, 이름 그대로 남한강과 북한강 두 물이 만나는 곳이다.

남한강은 대덕산에서 발원해 394.25킬로미터를 달려 이곳에 다다르고, 북한강은 금강산에서 발원해 325.5킬로미터를 달려 이곳에 다다른다. 두 강은 이곳에서 제 이름에서 '남'과 '북'을 떼고 '한강'이 된다. 각각 다른 곳에서 흘러온 물이 낯선 물을 만나 생명을 잉태하면서 김포를 거쳐 서해까지 이르는 긴 여정을 시작한다. 한강은 삶터의 파괴와 개발, 인간과 자연에 대한 착취로 세워진 비정한 도시를 향해 흐르고 있다.

팔당 지역에 들어서자 도로변 곳곳에 걸린 '2011년 세계유기농대회' 펼침막이 바람에 나부낀다.

양수리 입구에서 내려 두물머리 마을을 향해 산책로를 걷는다. 주말을 맞이해 여행을 온 연인과 가족들이 길을 걷고 있다. 대부분의 여행객들이 하이힐과 구두를 신고 있다. 도시인들의 신발에 맞춘 듯 산책로는 흙 길이 아닌 시멘트 길이다. 시멘트 길을 지나 한참 더 걸어가자 논밭이 나타난다. 논둑길을 걷다 보니 길이 더 나아갈 수 없는 곳에 이르렀다. 땅 끝에 나무 십자가 하나 서 있는 곳. 여기가 두물머리다.

강 건너 천진암은 한국 천주교의 발상지이고, 조안면 능내리엔 다산 정약용의 생가가 있다. 유영훈 대표(농지보존 친환경농업 사수를 위한 팔당공대위)는 팔당지역을 "동양의 실학과 서양의 천주학이 태동해서 만나고, 두 강이 만나고, 농민들과 철새들이 만나 새로운 생명을 잉태하는 터전"이라고 소개한다.

두 물이 만나 이곳에서 잉태한 또 하나의 결실이 있다. 유기농업이다. 이지역은 우리나라에서 가장 큰 규모의 유기농단지로, 100여 가구의 농민들이 조안면에 15만 평, 두물머리 지역에 3만 평가량의 논밭을 일구고 있다. 팔당유기농단지 농산물은 수도권 친환경 농산물 시장에 60퍼센트 이상의 먹을거리를 보내주고 있다.

팔당 지역은 1973년 팔당댐이 완공되면서 농경지와 가옥이 수몰되었다. 그때 대규모 수몰민이 발생했다. 떠나지 못한 사람들 일부가 남아 하천부지에서 농사를 짓고 살았다. 그 후 그린벨트며 상수원 보호구역이라는 이름으로 갖은 규제가 뒤따랐고 농민들은 가난을 면치 못했다. 방춘배 사무국장(농지보존 친환경농업 사수를 위한 팔당공대위))이 농민들의 애환을 들려준다.

"여기 분들은 기본적으로 규제에 대한 한 같은 게 있어요. 각종 규제가

남한강과 북한강이 만나 큰물을 이루는 양평 두물머리의 풍경이다.

풍수가 좋아 한강 줄기에서도 특별한 곳이다.

새순이 돋고 꽃이 피니 강은 봄 풍경에 물들었다.

일곱 개나 되요. 처마나 방 한 칸이라도 늘리면 감시원들이 다음 날 와서 부숴버려요. 개집 하나 제대로 못 짓고 살았어요. 지금까지도 그러니까요. 규제 때문에 강에 대한 설움이 있는 거예요. 예전엔 제초제를 강에 붓는 농민도 있었대요. 강을 원망의 대상으로 보고 산 거예요. 여기는 농업 외의 경제 활동은 거의 다 불법입니다."

농민들 사이에 '우리는 서울 시민들의 식민지 백성'이라거나 '물은 썩어야 한다', '강이 빨리 오염돼야 한다'는 말이 떠돌았다. 농민들은 이런 환경에서 생존의 길을 개척했다. 사람도 살리고 땅도 살리고 강도 살리는 길이었다. 유기농업이다.

팔당의 유기농업은 1978년 정농회 회원 정상묵·정상일 형제 부부, 한솔공동체를 꾸린 김병수 씨가 길을 열었다. 이들은 '이웃이며 형제인 소비자에게 농약 친 농산물을 판다는 것은 간접 살인'이라는 생각에서 유기농업을 시작했다. 1995년 12월엔 유기농업운동본부를 설립했다. 방춘배 사무국장이 말을 잇는다.

"그 당시 정보과 형사들이 정씨 형제 집으로 출근할 정도로 유기농에 대한 이해가 없었어요. 정부 정책에 반하니까 빨갱이라는 거죠. 그때는 증산 정책이 우선이라 화학 비료나 농약을 치지 않으면 공무원들이 와서 밭에 있는 작물을 밟아서 막 파헤쳤으니까요. 그런 수모와 손가락질을 당하며 유기농업을 개척했어요."

유기농업에 대한 인식이 변화한 때는 1995년에 이르러서였다. 이 해에 농민들과 서울시, 농협이 '팔당 상수원 유기농업 육성사업'을 추진했다. 초기엔 판로가 확보되지 않아 수확한 채소를 버리는 일도 있었다. 유기농업을 권장한 정부에서 판로 마련의 약속을 지키지 않아 트럭에 배추를 싣고 서울 시청을 찾아가 항의 시위를 벌이기도 했다. '팔당생명살림'은 상수원 보호구역의 제약과 한계를 극복하면서 일군 농민들의 눈물겨운 노력의 산물이었다. 그 결과 아시아에서 처음으로 '세계 유기농대회'를 유치하는 결실을 이루었다.

유기농업에 뜻이 있는 도시의 젊은이들이 하나둘 모여들기 시작했다. 유영훈 대표가 '친환경 유기농민'이라고 소개한 서규섭 씨는 10여 년 전 귀농해 두물머리에서 농사를 짓고 있다. 사주에 '흙과 함께 살 팔자'로 나온다는 그는 서울에서 직장 생활을 하는 내내 흙이 그리웠다. 그런 그에게 두물머리는 이상적인 땅이었다. 그는 이곳에서 결혼해 두 딸아이 '가을'이와 '하늘'이를 얻었다. 원주민과 이주민은 두물머리를 더불어 사는 공동체로 만들었지만, 지금 공동체는 4대강 사업으로 위기를 맞고 있다.

그동안 유기농업을 권장하고 지원한 정부는 농민들을 수질 오염의 주범으로 몰고 있다. 그리고 이 지역 일대를 수용해 제방을 쌓고, 자전거도로를 만들고, 위락시설을 만들 계획이다. 농민들은 2009년 5월 '농지보존 친환경농업 사수를 위한 팔당공대위'를 만들어 11개월째 싸우고 있다. 그동안 두 차례 공권력을 동원한 감정평가가 있었다. 이때 수도권 소비자들인 생협 조합원들이 찾아와 함께 싸웠다. 오랫동안 생산자와 소비자 간 직거래 등을 통한 도·농 공동체를 만들어온 노력이 부른 연대였다.

두물머리 유기농지 끝자락 두 물이 만나는 곳에 농민 최요왕 씨가 만들어 세운 나무 십자가가 서 있다. 십자가는 고난을 극복한 팔당 지역의 부활을 상징하는 듯하다. 국가는 두물머리를 죽음의 땅으로 만들었지만, 농민들은 생명의 먹을거리를 만드는 살림의 땅으로 만들었다. 답사 일행을 맞은 유영훈 대표가 십자가 아래 서서 호소한다.

"머잖아 또 공권력이 들어올 겁니다. 그러면 우리 농민들이 맨몸으로 막아내야 합니다. 우리는 몸으로 막는 수밖에 없습니다. 이곳은 반생명적인 개발과 성장의 가치관에 바탕한 4대강 사업과 정면으로 대립하는 곳입니다. 4대강 싸움은 바로 가치관의 싸움입니다. 이 시대 우리가 어떤 가치관을 가지고 살 것인가 생각하는 계기로서 팔당의 의미가 있다고 생각합니다."

'친환경 유기농민' 서규섭 씨가 발언을 이어받는다.

"정당한 이유가 있고 사회적 합의가 있으면 양보하겠는데 우리를 쫓아내고 이 자리에 얼토당토않게 공원, 체육시설, 자전거 길을 만든다고 하는데 도대체 왜 그런 짓을 하는지 모르겠어요. 수질과 공익의 이유로 나가 달라는데, 진정 무엇이 공익인지 생각해봐야 합니다. 유기농을 하면서 하천농지를 활용하는 게 수질에도 긍정적이고, 고유한 유기농의 역사와 문화를 살리는 일이 훨씬 더 공익적이라는 게 저희들의 주장입니다."

두물머리 강변 천막 안에서는 천주교 신부와 신도들이 매일 생명평화미사를 이어가고 있다. 유영훈 대표는 우리가 떠날 무렵, 농민들의 애환을 들

양평 두물머리의 팔당공대위 대표이던 유영훈 씨는

"경기도가 세계 유기농대회를 유치한다면서도 유기농을 몰아내는 작금의 4대강 개발을 반대한다"고 했다.

하지만 결국 경기도지사 김문수는 이들에게 토지보상과 대체농지를 제안했고

농민들은 분열했다.

어달라고, 그리고 기록해 달라고 한 번 더 부탁한다.

"종교계에서는 이제 4대강 싸움이 일어나고 있는데 우리는 막바지로 가고 있습니다. 더 늦기 전에 저희들의 목소리를 들어주세요. 저희가 버틸 수 있는 시간이 많지 않습니다. 얼마 남지 않았어요. 우리는 마지막까지 저항할 겁니다."

팔당 지역은 두 물이 만나고 있다. 토건국가의 개발논리 그리고 생명의 철학과 삶이 합수되는 이곳, 이 싸움은 이제 어느 강으로 흘러갈까?

논길을 걸어 두물머리 산책로를 되돌아간다. 길가에 어느 건설회사의 아파트 광고 펼침막이 걸려 있다.

'당신의 잠자고 있는 1억, 한강을 소유하세요.'

서울 한강에서 팔당으로 이동할 때 차창 밖으로 본 강변에 늘어선 아파트와 모텔, 카페들이 떠오른다. 그것들은 대부분 '리버사이드 모텔' 등 강의 이름을 소유하고 있었다.

답사팀 일행은 두물머리 입구로 돌아와 버스를 타고 남한강을 따라 여주로 떠났다.

천지에는 꽃이 피고
자연은 도를 다하는데

여주는 청동기 시대부터 쌀농사가 시작된 기름진 땅이다. 여주 사람들은
이 지역을 가로지르는 남한강을 여강이라고 부른다. 여강엔 대형 댐인 강
천보, 여주보, 이포보가 건설되고 있고, 거의 모든 강줄기에서 강바닥의 흙
과 바위를 파헤치고 폭파하는 준설 공사가 이뤄지고 있다. 여주와 여강 전
역이 거대한 공사장인 셈이다.

숙소인 원불교 여주교당을 향해 하리의 남한강변을 걷고 있다. 하리 강
변 하천부지에서 포클레인이 땅을 파헤치고 있다. 포클레인 주변으로 뿌리
를 드러낸 나무들이 수북하게 쌓여 있다. 한창 연두색 이파리를 달고 있어
야 할 나무들이다.

여주교당은 여강가에 있다. 교당에 도착하자 유홍덕 교무께서 일행을 반

긴다. 그녀는 매일 아침 여강의 생명들을 위해 백일기도를 하고 있다.

"천지에는 꽃이 피고 자연은 도를 다하는데 사람들은 이렇게 엄청난 일을 하고 있습니다. 강바닥에 다이너마이트를 폭파시켜서 생명들은 몸살을 앓고 죽어가고 있어요. 그래서 너무 가슴이 아픕니다. 강이 강으로 흐를 수 있도록 도와주세요."

교무님은 밤새 공사 소음으로 방구들이 울려 잠들지 못했다고 한다. 여주보 인근과 이 지역은 발파작업으로 인한 소음 때문에 주민들의 민원이 제기된 곳이다. 최근까지 스물네 시간 공사가 진행되었다. 현 대통령 임기 내에 공사를 끝마치기 위해, 이 거대한 토목 사업을 되돌릴 수 없는 것으로 만들기 위해 다이너마이트를 사용하면서 속도전을 벌이고 있는 것이다.

저녁식사를 마친 후 생태사회학자 홍성태 교수가 여주교당을 찾아왔다. 그의 고향은 두물머리다. 그가 어린 시절을 보낸 두물머리 지역은 드넓은 자갈밭과 모래사장이 아름다웠던 곳이라고 한다. 물이 깊지 않아 삿대 하나만 있으면 배를 타고 건널 수 있었다. 그가 두물머리에서 200년 이상 터를 잡고 살아온 최씨 집성촌이 댐 수몰로 사라진 비극을 들려준다. 홍성태 교수는 한국사회를 '토건국가'로 규정하고 연구를 심화하고 있다.

"한국은 토건국가적 성격을 빼곤 이해할 수 없는 나라입니다. 우리나라가 부패지수가 높은데, 태반이 토건업에서 비롯됩니다. 건설과 관련해 엄청난 돈이 거래되죠. 토건업이 실질적인 부패의 원천이라는 것이 꾸준히 확인되고 있어요. 우리나라 재벌은 모두 토건 재벌입니다. 거

여주를 지나는 한강을 이곳에서는 '여강'이라 한다.

서울에서 가깝다보니 공사 속도가 너무 빠르다.

밤낮을 가리지 않고 휴일도 없다.

이 구간의 공사 진행률은 2011년 1월, 70퍼센트를 넘었다.

아마도 다가올 장마 전에는 끝날 것이다. 무섭다.

대 건설회사 하나씩 다 가지고 있어요. 재벌 비자금의 중요한 원천이 되기도 합니다. 부패와 투기의 사슬을 통해 이권을 제공합니다. 토건 국가는 박정희에 의해 형성되고, 군사 정권을 거치며 확립되고, 민주화 시기를 거치며 확대돼요. 특히 노무현 정부 때 엄청나게 확대돼요. 이름을 다 외울 수 없을 만큼 많은 신도시를 만들고 확장했어요. 그것을 능가하고 모든 지역을 아우르는 토건 사업을 만들려다 보니까 강 죽이기가 나온 것이죠."

토건국가의 문제를 개혁하지 않으면 국민의 피와 땀으로 조성된 혈세를 탕진하고 국토를 파괴하는 일을 멈출 수 없을 것이다. 강에 이어 전국의 산하가 다음 희생양이 될 것이다. 홍성태 교수는 특히 자본과 함께 노동자들에게도 책임이 있다며 4대강 사업에 대한 노동자들의 반성과 깨우침, 저항이 필요하다고 역설한다. 노동자들의 단결과 연대가 있다면 4대강 사업이 이렇게 빠른 속도로 진행되긴 어려웠을 것이다.

새벽 두 시가 넘은 시각, 강변을 산책하기 위해 홀로 밖을 나선다. 어디선가 기이한 소리가 들려온다. 강 건너에서 들려오는 소리다. 야간 조명등을 켜고 포클레인 몇 대가 땅을 파고 있다. 자갈이 부서지고 모래가 찍히는 소리다. 모두가 잠든 새벽 시간, 강변에서 공사하는 모습은 처음 보는 광경이었다.

다음 날 아침. 유홍덕 교무가 손수 차려준 밥을 먹었다. 나는 간밤의 공사장 모습을 보고 놀랐다고 말했다. 교무님은 매일 보는 모습이라고 한다.

"우리 교당에도 인부가 있는데 스물네 시간 날을 새서 일을 한대요. 주말에도 교당을 못 와서 본 지가 오래 됐어요. 그 사람 말이 몇 달 동안 10년은 늙었대. 공사장에 CCTV가 설치돼 있다니까."

8년 전부터 여주의 종교인들과 환경운동가들은 여강 길을 도보 순례했다. 강변의 마을 주민들을 만나고 환경을 지키기 위한 걸음이었다. 하지만 4대강 사업이 시작되면서 이장들과 주민들의 여론은 한순간에 돌아섰다. 무슨 일이 생겼기에 주민들이 등을 돌린 걸까? 여주도 팔당 지역처럼 상수원으로 인한 피해를 안고 살아왔다. 주민들에게 강과 물은 지역 발전을 가로막는 것이었다. 남한강의 4대강 사업은 이런 지역 주민들의 정서를 이용하고 있다.

"4대강은 물질 노예의 현장이에요. 원불교에 '물질이 개벽되니 정신을 개벽하자'는 문구가 있는데, 정신의 자주력을 키워야 돼요. 전에는 우리가 자급자족했는데 이제는 다 사유화돼서 뭐든지 돈이 있어야만 가질 수 있으니까, 내가 살 만큼 풍족해도 저 사람과 비교하면 충족이 안되니까 자기 본성과 멀어지는 거예요. 정신의 힘을 키워야만 우리가 행복하게 살 수 있어요."

여주교당에서 나와 하리 강변을 걷는다. 일흔쯤 돼 보이는 순박한 인상의 노인 한 분이 나무 의자에 앉아 우두커니 강을 바라보고 있다. 노인의 이마에 난 주름이 강물처럼 구불구불하다. 그에게 4대강 사업을 묻는다.

"여기 물이 부족하고 오염됐대. 물을 깨끗하게 해서 사람들 먹게 하려고 공사하는 거지. 난 원래 여기 강가에서 나고 자랐어. 매일 나와서 이렇게 몇 시간이고 앉아 있어. 시원하고 좋잖아."

노인은 정부에서 홍보하는 내용을 그대로 믿고 있다. 그가 하루에도 몇 시간씩 바라보는 강 건너에선 공사가 한창이다. 노인이 앉은 의자 옆에 눈여겨보지 않으면 찾기 어려운 작은 시비 하나가 서 있다. 여주 출신 문장가 이규보의 시다.

한 쌍의 말이 기이하게 물속에서 나왔다 하여 고을 이름이 황려라 하네. 시인은 옛 길을 즐겨 번거롭게 표현하지만 오고 가는 어부야, 어찌 알리요.

시의 한 구절에 여주 지명의 유래가 있다. 여강이라는 강 이름도 고을 이름 '황려'에서 나온 말이다.

강변을 거닐다 문득 뒤돌아본다. 멀리 작은 점처럼 작아진 노인이 변함없이 의자에 앉아 강변을 바라보고 있다. 미동도 없이 앉아 있는 노인과 강 건너에서 분주히 오가는 건설 기계들이 대조적인 풍경을 만들고 있다.

버스를 타고 신륵사로 향한다. 신륵사 입구에 '흙과 불의 예술, 여주 도자기 축제'를 알리는 펼침막이 걸려 있다. 신륵사는 유일하게 강변에 터를 잡은 사찰로 알려져 있다. 강의 품에 안긴 신륵사는 여주팔경 중 첫 번째로 꼽는 절경이다. 신륵사 맞은편엔 남한강이 몸을 틀면서 만든 금모래 은모래 강변이 있다.

절 안엔 여강선원이 있다. 선원에 머물며 열 명 남짓한 환경운동가들이

여주 신륵사 앞의 한강 풍경은 아마도 한강 전 구간의 10대 풍경에 들었을 것이다.

그 풍경이 공사장으로 바뀌어 4대강 사업 공사 풍경의 하나로 기록될 만하다.

4대강 사업은 강뿐 아니라 주변의 자연까지 바꾸고 있다.

신라 시대에 창건해 1,000년 가까이 강과 조화를 이루며 존재하던 신륵사가

요즘 가장 큰 변화를 겪고 있다.

저 바위 위에 서서 여강의 풍경을 바라 본 이가 얼마나 많았을까?

참으로 살풍경하다.

현장 조사 활동을 벌이고 있다. 이들은 매일 공사 진행상황을 살펴보고, 생태계 훼손을 감시한다. 이들의 노력으로 도리섬 공사를 일시 중지시켰고, 6공구에 대한 환경부의 공사 중단 및 재조사 명령을 이끌어냈다. '생태지평 연구소'의 명호 씨가 남한강 여주지역의 상황을 설명한다.

"여주 강변은 여울과 소, 습지가 아름답게 남아 있는 곳인데, 이제 거의 찾아볼 수 없고요. 정부에서는 4대강 공사를 생태적으로 하는 사업이라고 말하는데 현장에서 보면 단순한 토목 사업입니다. 밤낮으로 강바닥을 파내는 일입니다. 300×600미터 구간에 어류가 18만 마리 산다고 해요. 이 물고기들이 떼죽음당하고 있어요. 저희들이 공사 현장에 계속 있다 보니 메말라가요. 물고기들 죽은 거 보고 밤에 여기 오면 밥이 넘어가지 않네요."

강 건너 금모래 은모래 백사장이 보이는 신륵사 둔치로 내려간다. 공사장에서 삽차와 덤프트럭이 분주히 오간다. 공사장을 바라보면서 미술인들이 작품을 만들고 있다. 여강을 찾아온 미술가들은 자신들을 스스로 강에 파견했다는 뜻에서 '파견미술가'라고 소개한다. 이들이 만들고 있는 작품은 〈수궁장례도〉다.

나무와 나무 사이 연결한 줄에 물고기들이 걸려 있다. 강에서 쫓겨난 물고기들이 바람에 나부낀다. 어떤 물고기들은 강변을 향해 아가미를 벌리고 있고, 어떤 물고기들은 도망치듯 뭍으로 헤엄치고 있다. 공중에 걸린 물고기들의 장례 행렬이다. 강변 끝엔 미술가 이윤엽이 반 토막 난 배로 만든 상여가 세워져 있다.

4대강,
우리들의 거울에 비친 것들

강변 산책을 마치고 여강선원 천막에 앉아 수경 스님에게 귀를 기울인다. 삼보일배로 벌써 지구를 한 바퀴쯤 돌았을 법한 그의 얼굴은 여강 앞에서 그늘이 드리워 있다. 스님은 적을 둔 화계사를 떠나 여강 앞에 선원을 차렸다. 이곳에서 강을 바라보고, 매일 강을 위한 기도를 하고 있다. 그가 여강선원에 온 것은 자각을 통한 환계의 한 방식이었다.

"제가 드릴 말씀이 별로 없어요. 내가 누구인지, 내가 어디에 있는지, 어디로 가고 있는지 잘 몰라요. 다만 지금까지 우리가 살아온 삶을 한번 뒤돌아보면서 삶의 의미를 성찰하는 일이 중요하다고 생각해요. 아침에 일어나 세수하고, 저녁 먹고 잠잘 때까지 하루의 삶을 정말 내밀하게 살펴볼 줄 알아야 삶의 문제를 얘기할 수 있어요. 자기 안에 있는 욕망이라든지, 분노라든지, 어리석음의 내용이 현상적으로 드러난 게 4대강 개발이라고 저는 생각하거든요.

4대강 문제, 저 현상을 자세히 보면, 저것은 분명 우리가 만든 것입니다. 한반도 사람들이 일상에서 산 내용이 여과 없이 그대로 나타난 것입니다. 저 문제를 정확히 진단하고 우리가 만든 것들을 참회하고, 앞으로 저런 현상이 나타나지 않도록 하는 삶의 변화 없이는 악순환을 거듭할 수밖에 없어요. 저는 저의 삶의 모습이 저런 현상으로 나타난다고 보기 때문에, 먼저 제 안에 있는 폭력성이라든지 끝없는 욕망이라든지 어리석음이라든지 탐진치(貪瞋痴) 삼독(三毒)을 녹여내겠다는 생각으로 여기서 기도를 하고 있습니다.

생명이라는 것은 모든 우주의 기운이 다 모아져서 조화가 이뤄질 때 생명이지, 조화가 이뤄지지 않으면 생명이라고 할 수 없잖아요. 그러니까 전체가 생명이죠. 유정(有情), 무정(無情) 전체가 생명입니다. 여러분 스스로 생각을 해보십시오. 지금 나타나는 저 현상을 거울삼아 그 거울에 우리 삶을 비추어서 내밀하게 깊이 사유해서 그 내용과 우리가 소통하고 조화가 이뤄져야만 4대강 문제를 제대로 볼 수 있다고 생각해요.

우리는 자연과 하나라고, 자연의 일부라고 하잖아요. 말로는 그렇게 말하고, 생각은 그렇게 하고, 지식으로는 그렇게 알고 있는데 실제 내가 자연이라는 것을 몸으로 체현하는 것은 순간순간만 느낄 거예요. 제 체험을 말씀드리면 저는 오체투지하며 그런 걸 느꼈습니다. 그 복잡한 거리에서 대지의 호흡을 느꼈습니다. 대지의 호흡과 내 호흡을

하나로 일치시키면 자연과 나를 구분 짓는 게 아니라 대지와 내가 일
치가 돼요.

그런 관점으로 4대강 문제를 바라보면 절절한 아픔으로 다가오게 돼
요. 감당할 수 없는 슬픔으로 다가오게 됩니다. 연민으로 느껴지는 거
예요. 삼보일배를 하면서 저는, 성인들은 늘 그런 삶 속에서 이웃들의
아픔이 자기 아픔으로 다가오지 않을까 하는 생각을 했습니다.

우리 사회가 극복해야 할 문제들이 얼마나 많습니까? 그런 문제를 극
복하려면 우선 자신의 삶의 문제에 정말 진지해야 되고, 우리 삶의 문
제가 적나라하게 드러난 자리에서 뭔가 정리하지 않으면 밖에 드러난
저런 현상과 사물을 바로 보고 바로 판단할 수 있는 안목이 가능할까
요? 제가 볼 땐 불가능하다고 생각되거든요.

그래서 여러분께 말씀드리고 싶은 것은 4대강 문제를 통해 지금까지
살아온 삶의 내용을 점검해보고, 과연 내가 생태 생명의 관점으로 볼
때 양심적으로 잘 살아왔는가 하는 것을 내밀하게 관조해 보시고 앞
으로 삶을 어떻게 살아갈 것인가 정리하는 기회로 삼는 것이 4대강 문
제를 풀어갈 수 있는 계기를 만드는 것이 아닌가 생각해요.

저는 여기서 순간순간 저 모습을 보고 듣고 있기 때문에 제가 입은 이
옷이 죄수복이라는 생각이 듭니다. 중 노릇을 제대로 하면 이 옷이 복
전의(福田衣)가 돼서 모든 생명들에게 정말 복을 짓고 복을 주는 옷이 되
는데, 제가 제대로 못 살아서 이 옷이 죄수복이라는 생각으로 지내고
있습니다. 그래서 저도 지금 몸부림치고 있습니다. 몸부림치면서 방황
하고 있는 거죠. 이 땅에 태어나서 은혜를 입고 살았는데 과연 어떻게
사는 것이 은혜를 갚으면서 살아가는 길인가 고민하고 몸부림치고 방

황하면서 하루하루 살아가고 있습니다."

뭇 생명이 죽어가고 난도질당하는 현장에서 우리는 강의 아픔을 더불어 느끼고 있는 걸까? 눈물이 글썽이고, 목이 메이고, 내 몸이 난도질당하는 아픔을 느끼고 있는 걸까? 지난 답사에서 만난 여성학자 오한숙희 씨가 들려준 일화가 생각난다.

"저는 산 밑에서 13년을 살았는데 그 산의 나무들이 다 파헤쳐지고 뿌리가 드러난 걸 보면서 실지로 제 내장이 드러난 것 같은 통증을 느끼거든요. 관념적으로 그러는 게 아니라 저도 모르게 저절로 그런 느낌이 오는 거예요. '참여연대'에서 인물 인터뷰를 해달라고 해서 1970년대 반 독재 투쟁을 하셨던 조화순 목사님을 만나러 갔는데 그런 말씀을 하시는 거예요. '내가 목회활동 오래 했지만 자연 속에 몇 년 산 것이 내 영성을 더 깊게 했다. 어느 날 산책하고 있는데 비바람에 나뭇가지 하나가 찢겨진 걸 보는 순간, 어깨뼈가 부러지는 통증을 정말로 느꼈다'고 해요. 그러면서 하시는 말씀이 자연과 인간은 하나라는 것을 몸으로 절감했다고 해요. 환갑이 넘은 목사님이요."

수경 스님과 헤어져 돌아오는 길. 저마다의 거울이 길 위에서 흔들린다.

모래와 나무들의
공동묘지

이호대교를 향하고 있다. 버스 차창 밖으로 준설토를 쌓은 모래더미가 보인다. 경주에서 본 왕릉 높이다. 신륵사 맞은편 강변에서 파헤친 모래들이다. 답사 이끔이 환경운동가 정나래 씨(환경운동연합)가 설명한다.

"처음엔 언덕 정도 높이였는데 지금은 거의 산이 되고 있습니다. 여기 쌓인 모래는 불과 두 달 동안 파낸 양입니다. 이런 준설 작업이 2년 동안 계속될 것입니다. 농사짓는 땅을 적치장으로 써도 주민들이 반발하지 않는 것은, 땅 주인이 외지인인 경우가 많아 농민들에게 임대하는 것보다 몇 배로 보상 받기 때문이에요. 땅을 빌려 농사짓는 임대농들은 억울해하지만 모여서 싸울 수 없는 형편이죠."

강변의 숲은 사라졌다.

베어진 나무들이 무더기로 쌓여 있다. 죽은 나무의 무덤이다.

저 소리 없는 비명을 듣는 사람이 있을까?

뭇 생명들이 인간의 이기주의에 사라져간다.

근처에 있었다는 것 자체가 재수 없었던 것이다.

이런 만행을 하고도 우리의 삶이 평온할 것인가?

말을 마칠 즈음, 아까부터 뒤를 따르던 갤로퍼 차량 한 대가 일행이 탄 차를 앞지른다. 현대건설에서 감시하기 위해 보낸 차량이다. 건설사에서는 답사팀이 올 때마다 동향을 파악하고 보고하는 감시차량을 보낸다고 한다. 강천보 가까이 이르자 차창 밖으로 현대건설 현장사무소와 숙소가 보인다.

여주에서는 환경운동가들과 공사 현장의 일꾼들 사이의 크고 작은 갈등이 빈번하다. 한번은 환경운동가들이 물고기들을 구조하기 위해 양동이에 담아 올린 적이 있는데, 이를 공사 관계자들이 빼앗아 팽개쳤다. 4대강 사업이 강과 함께 인간의 심성마저 파헤치고 있다는 생각이 들었다. 강천보 공사 현장은 두 주 전 방문했을 때보다 눈에 띄게 달라진 모습이다.

강은 사라지고, 없다.

습지가 있던 자리는 나무 한 그루 찾아볼 수 없다. 물과 습지를 잃어버린 강은 반 토막 난 채, 양동이에서 버려진 물고기처럼 가쁜 숨을 내쉬고 있다. 처음 강천보에 왔을 때 나는 미처 상상하지 못한 공사 현장을 보고 할 말을 잃었다. 그 모습은 개발을 좇는 인간의 상상력이 어디까지 이르렀는지 보여주고 있었다. 구불구불 흐르던 강은 다이너마이트와 불도저, 포클레인에 의해 거대한 두부 같은 여러 개의 네모난 구획으로 나뉘어 있었다. 명호 씨가 설명해 준 공사 과정은 이렇다.

강을 반으로 가른다. 가른 강의 한편에 있는 흙탕물을 맞은편 강으로 내보낸다. 강바닥의 물이 빠져나가면 준설을 시작한다. 요즘은 물이 다 빠지기도 전에 바로 준설작업을 하는 경우도 있다. 물이 빠진 바닥에서 모래를 파낸다. 암반이 있으면 다이너마이트로 폭파한다. 폭파한 암반을 빼내고 바닥을 수평으로 편다.

흙탕물을 거르기 위해 설치한 주황색과 노란색의 오탁방지막이 보인다. 오탁방지막 사이로 빠져나온 흙탕물이 긴 띠를 만들며 강을 따라 흘러가고 있다. 2010년 3월엔 폭약에서 나온 성분이 섞인 녹색물이 강물을 따라 흘러가는 것을 환경운동가들이 발견했다. 뼈 같은 철 구조물을 드러내며 댐의 기단 위로 교각이 육중하게 서 있다. 보름 전만 해도 교각을 볼 수 없었다. '순식간'이라는 표현 그대로 며칠만 지나도 공사장의 풍경이 바뀌고 있다.

적근리로 이동해 도리섬을 향해 걷는다. 이 길의 이름은 강천마을 해돋이 길이다. 두 사람 정도 나란히 서서 걸을 수 있는 소로다. 자연스레 긴 열이 만들어진다.

논밭과 마을을 가로지르는 산길은 적요하다. 구불구불한 길은 단조로운 직선과 수평의 도로에 익숙한 도시인들에게 쉼을 준다. 구부러진 길은 너럭바위며 논둑에 앉아 멈추고 쉴 수 있는 길이다. 도로의 소음 대신 새소리며 물 흐르는 소리가 들려온다. 자연의 악기들이다.

얕은 고개들로 이어지는 해돋이 길은 고개를 넘을 때마다 감추고 있던 풍경을 보여준다. 강바닥의 길도 이 길과 다르지 않다. 4대강 사업은 구불구불한 강변길과 강의 길을 반듯하게 해서 강의 도로를 만드는 일이다. 이를 직강화 사업이라고 부른다. 도로를 만들며 새소리 풀벌레소리를 없앴듯, 4대강 사업은 수로를 만들어 여울의 재잘재잘 물 흐르는 소리, 물고기들이 수면 위로 솟구치는 소리, 철새들의 소리를 없애는 일이다.

새벽 해가 떠오르는 길의 풍경을 상상하며 해돋이 길을 걷는다. 마을을 벗어나 10여 분 넘게 걸어가자 공사 중인 도리섬이 멀리 보인다. 도리섬을 보면서 정나래 씨가 2010년 2월 일본의 환경전문가들과 함께 4대강을 답사하며 만난 일본 환경학자의 고백을 들려준다.

> "은퇴한 노교수인데, 젊었을 땐 댐을 건설하는 데 많은 도움을 준 댐 찬성 학자였대요. 일본에서 댐을 지은 후 수달 등이 사라졌는데, 나이가 들어 잘못됐다는 것을 깨닫고 지금은 환경운동을 하고 있어요. 그런데 그 분 말씀이 자신이 댐을 찬성하던 시절의 논리로 보더라도 4대강 사업을 이해할 수 없다고 해요."

일본의 늙은 학자가 뒤늦게 깨달은 것은 무엇이었을까? 자신이 일조한 댐을 보면서 그가 겪었을 후회와 아픔을 헤아리며 여강을 바라본다. 그처럼 누군가는 훗날 깊은 후회로 걸어야 할 강 길이다. 4대강 사업으로 깔린 콘크리트는 언젠가는 걷어내야 하고, 오랜 세월에 걸쳐 원래의 강으로 복원할 수밖에 없는 일이다. 뒤늦은 후회 대신 그 학자로부터 우리가 미리 배울 수는 없는 걸까?

인적 드문 산길로 들어선다. 사라지는 강을 바라보며 산은 구불구불한 바람소리 새소리를 보내고 있다.

우리가 걷는 길 건너편이 바위늪구비다. 바위늪구비는 사라지고 있다. 이무기가 살고 있다는 전설이 내려오는 곳. 그 전설의 상상력과 신비로움도 사라지고 있다. 바위늪구비는 자갈길과 모랫길이 이어지는 길이다. 보름 전 바위늪구비를 거닐 때 졸졸졸 소리를 내며 흐르는 여울과 소를 만났다. 그날 최병성 목사가 예언한 것처럼 자갈밭도 여울도 사라지고 있다.

여울은 강에 산소를 넣어주고 강을 정화시켜 준다. 강의 허파다. 여울이 많아야 물이 맑다. 우리나라 희귀 물고기는 대부분 여울에 산다고 최병성 목사가 알려주었다. 세계에서 우리나라에만 있는 배가사리, 돌상어, 꾸구리가 여울에 산다. 어름치, 꺽지는 여울 옆 자갈밭에 알을 낳는다.

여울을 거닐며 살펴보았지만 물고기는 단 한 마리도 찾지 못했다. 위기를 느낀 물고기들이 모두 사라졌기 때문이다. 물속에서는 소리가 육지보다 세 배 이상 빠르게 전달된다. 공사 소음을 들은 물고기들은 다 어디로 갔을까? 앞도 뒤도 옆도 모두 공사장인 이 남한강 어느 곳에 그네들의 피신처가 있을까?

그날 우리는 신발을 벗고 다시 보지 못할 여울에 발을 담갔다. 비오리 한 쌍이 날아가고 꼬마물떼새가 짝을 찾고 알을 낳을 때였다. 고라니 한 마리를 만나기도 했다. 그때만 해도 파헤치지 않은 길과 수목이 남아 있었다. 길을 따라 무성했던 버드나무 군락은 이제 거의 찾아볼 수 없다. 포클레인에 의해 뿌리째 뽑힌 버드나무들이 사지가 잘린 채 쌓여 있다.

나무들의 공동묘지다.

무연고자 묘지처럼 제 이름을 잃은 버드나무들이 버려져 있다. 포탄이 무수히 떨어진 구덩이 옆에 쌓인 흙더미처럼. 현장 관리자들이 보기에도 흉했는지 파란 장막으로 덮어둔 곳도 있다. 나무들이 사라진 바위늪구비는 사막이 되었다. 여강 길이 쓸쓸하다.

도리섬이 가까워지자 공사장 소음이 들려온다. 포클레인, 불도저, 덤프트럭 등 수십 대의 기계들이 분주히 오가고 있다. 해돋이 산길을 빠져나와 뿌연 먼지를 날리는 대형 덤프트럭을 보며 공사장 입구에 다다른다. 입구에 '단양쑥부쟁이 서식지'를 표기한 노란 푯말이 꽂혀 있다.

유유히 흐르는 여강 앞에 민족미술인협회 미술가들이 설치한 하회탈이 있다.

강은 웃고 있는 것일까, 울고 있는 것일까?

도리섬 가는 길은 여기까지다. 공사 현장은 인부들이 막고 있다. 남한강의 가장 아름다운 섬, 도리섬 가는 길은 막혀 있다. 갇혀 파괴되고 있는 섬을 마냥 바라본다. 우리는 버스를 타고 마지막 답사 구간인 부처울 습지로 향했다.

부처울은 여강에서 자연 지형이 남아 있는 유일한 곳이다. 강 건너에서 공사 중인 기계들이 보인다. 부처울 모래톱엔 고라니, 너구리, 삵, 그리고 철새들의 발자국이 찍혀 있다. 강물을 마시기 위해 그네들이 다녀간 흔적이다. 그 발자국 위에 우리들의 발자국을 찍으며 강을 향해 걸어간다. 본격적인 공사를 앞두고 준설 구역을 표시하는 빨간 깃대가 곳곳에 꽂혀 있다. 깃대 사이로 나무가 무성한 습지와 모래섬들이 보인다. 강가에 서서 명호 씨가 주변 풍경을 향해 손짓한다.

"야생동물들과 철새들이 쉬어가는 곳입니다. 4대강 사업은 한강 개발과 같은 방식으로 진행되는데 식생대와 지형을 단순화시키는 일입니다. 지형이 단순해지면 생물종이 단순해질 수밖에 없습니다. 습지 안에 들어가면 많은 종의 흔적과 잠자는 공간을 발견할 수 있어요. 수질도 중요하지만 지형이 얼마나 다양하냐에 따라 종 다양성이 높아집니다. 철새들은 유전적으로 왔던 장소를 다시 찾아오고 알을 낳습니다. 지형이 바뀐 줄도 모르고 새들이 이곳을 찾아오겠죠. 많은 종들이 바뀐 환경을 따라가지 못하고 사라지게 돼요. 강에도 붕어, 잉어, 베스 같은 물고기만 남게 되죠. 4대강 사업은 동식물의 생태계를 완전히 무너뜨리는 일입니다."

모래사장에 앉아 강물을 바라본다. 어릴 적 읽은 동화가 생각난다. 왕비가 마법의 거울을 보며 읊조리던 주문.

"거울아, 거울아. 이 세상에서 누가 가장 아름답니?"

거울은 언제나 솔직하게 대답했고, 왕비는 그때마다 분노했다. 남한강이라는 거울은 우리에게 어떤 대답을 들려줄까? 사람들은 강이라는 거울에 자신들의 욕망을 투영하고 주문을 왼다. 자신이 세상에서 가장 예쁘다고 말해주지 않는 거울을 보면서 우리는 어떤 미래를 바라보고 있는가? 강물이라는 거울을 바라보며 나는 또 무슨 욕망을 투영하고 있을까? 그러나 강은 저대로 흐르고 있을 뿐이다.

여주 한강변에 걸린
민족미술인협회의 걸개그림은
끔찍하다.
우리가 이상적으로 생각하는
강과 인간의 꿈이 잔인한 개발의
상징인 포클레인과 혼재되어 있다.
마치 달콤한 꿈을 깨는
악몽과도 같다.

두물머리 끝엔 나무십자가가 있다

두물머리
약사略史

조선의 문장가 서거정은 운길산 수종사에서 바라보는 두물머리 풍경을 '동방 사찰 중 전망이 제일'이라고 표현했다. 하지만 그가 보던 풍경은 1973년 이후 사라졌다. 나루터가 있던 두물머리의 옛 풍경과 농민들의 삶은 팔당댐 건설과 함께 수장되었다. 인간의 탐욕은 1973년 한 차례 수술대에 놓였던 이 땅에 다시 메스를 가할 준비를 마쳤다.

　나는 팔당 지역 역사의 산 증인으로 알려진 송촌리에 사는 정정수 씨의 밭을 찾아갔다. '팔당공대위'의 방춘배 사무국장으로부터 그를 만나는 일이 어려울 것이라는 얘기를 미리 들었다. 언론에 대한 불신 때문이었다. 근래 그는 〈조선일보〉 등 언론사의 취재에 수차례 응했지만 한 번도 기사가 실리지 않았다고 한다. 오늘은 처음으로 상추를 수확하는 날이다. 하우스 안에서 부인 심정옥 씨와 일손을 도우러 온 지춘자 씨가 능숙한 손놀림으로 상추를 뜯어 종이상자에 넣고 있다.

"일반 농사보다 손이 더 많이 가요. 말도 못해요. 맨날 풀하고 전쟁이에요. 풀 전쟁. 풀 전쟁하다가 요새는 물 전쟁하고 있어. 사는 게 전쟁이지 뭐."

정정수 씨는 대를 이어 50년 넘게 농사를 짓고 있다. 그의 땅 상당 부분은 아버지가 농사짓던 땅이다. 큰아들도 서울에서 출퇴근하며 함께 유기농업을 한 지 10년이 넘었다. 4대강 사업으로 잃게 될 그의 땅은 2,500평 남짓 된다.

그의 어머니는 한국전쟁 때 미군의 폭격으로 돌아가셨다. 중공군 패잔병들을 향한 폭격이 마을을 덮친 것이다.

전란이 지나간 후 그는 아버지와 함께 농사를 짓고 살았다. 1968년 팔당 댐 공사가 시작되면서 비극이 시작되었다. 일제강점기 때부터 남한강과 북한강이 합류되는 이 지역에 댐을 만든다는 소문이 돌았고 몇 차례 시도가 있었다. 강을 가둔 건 박정희 정권이었다.

팔당 지역은 댐 공사로 인해 수도권 인근에서 규모가 가장 큰 수몰지가되었다. 정정수 씨는 4,000평가량의 땅을 헐값에 국가에 빼앗겼다.

"그때도 보상대책위원회라는 게 있었어요. 보상협의위원이 정 씨였는데, 가톨릭 신자이고 똑똑한 분이에요. 근데 그 사람이 공사 편에 섰어요."

댐이 들어서고 마을은 그린벨트 지역이 되면서 규제가 시작됐다.

"사람 사는 데는 자유로워야 되는데 주거에 제한을 받으니까 불편해졌죠. 허수간 하나 맘대로 못 지었으니까. 돌멩이 하나도 못 옮겨놨어요. 엄청나게 무서웠어요. 육이오 때 포탄 맞고 부서진 초가집을 헐고 양옥집을 지은거야. 허가를 스무 평을 냈는데 짓다보니까 조금 늘어나가지고 스물한 평이 됐어. 그린벨트 감시하는 애가 와가지고 한 평을 깎으라는 거야. 오바됐다고. 다 지어놨는데. 그렇게 엄했어요."

농민들이 이러한 규제와 생계의 어려움을 극복하기 위한 활로로 찾은 것은 유기농업이었다. 질울 고래실마을에 사는 노국환 씨도 유기농업이라는 희망의 개척자였다.

다음 날, 노국환 씨를 만나기 위해 질울 고래실마을로 향했다. 마을 입구 큰길가 중앙선 철길과 경강국도 사이에 노국환 씨가 태어나고 자란 집이 있다. 중앙선 철길이 생기면서 면 소재지였던 마을은 두 동강이 났다. 면 소재지와 그가 다니던 국민학교는 그때 양수리로 옮겼다. 38년 동안 농사꾼으로 살아온 그를 만났다. 마을회관에서 나를 보자 '현재까지 살아있는 게 용하다'며 말머리를 연다.

"동네 사람들이 철길에서 기차에 치여 죽었어요. 어릴 때만 해도 적어도 다섯 명이 철길에서 죽었어요. 다섯 살 때였어요. 친구 아버지가 나무 짐을 하고 우리 동네 쪽으로 내려오는데 내가 철길에서 놀고 있더래요. 잡아당겨서 내려놓자마자 기차가 지나갔대요. 행길에서도 교통

사고로 죽은 사람 흔하죠. 강에 빠져죽은 사람보다 훨씬 더 많아요."

마을에 기찻길이 생기고, 도로가 지나갔다. 그때마다 마을 사람들은 집과 농지를 잃었다. 사람들은 물이 아닌 철길과 도로에서 비명횡사했다. 팔당댐이 생긴 후 농사짓던 땅은 물속에 잠겼다. 땅을 잃은 사람들은 대도시로 떠났다.

그는 1985년 풀무 농장에서 열린 '정농회' 동절기 교육에 참여하면서 유기농을 알게 됐다. 정농회는 1976년 농약, 제초제, 화학비료를 사용하지 않는 유기농업을 실천하고 보급하기 위해 창설한 모임이다. 노국환 씨는 당시엔 유기농업이 선뜻 납득되지 않았다고 한다.

"농산물을 이렇게 지으면 비싸서 먹고살 만한 사람 좋은 일 시켜주는 거 아니냐. 그땐 식량도 넉넉지 않았던 때라 '내가 이런 것 지어야 돼?' 하는 생각이 들었어요."

하지만 식물에 농약을 주는 일이 썩 내키지 않아 서서히 줄이고, 유기농을 시작했다. 인위적인 농사 방식을 피해 옛 농사 방식을 찾고 배우고 실천하는 일은 녹록치 않았다. 처음부터 유기농 철학으로 시작한 것은 아니지만 시나브로 몸과 마음에 배었다.

그가 열두 명의 농민들과 함께 만든 '팔당유기농업운동본부'는 농협 2층 가건물에 사무실을 마련했다. 농민들은 불모지인 유기농 유통의 길을 개척했다.

"한여름 찜통더위에 병원에 실려 간 적도 있어요. 힘들었지만 의지로 만들어갔고 길이 생겼어요. 근데 정착된 모습이 썩 만족스럽지는 않아 요. 지금은 경쟁이 치열해서 경쟁력으로 모든 게 판단되니까."

그동안 친환경 유기농업을 하는 것에 자부심을 갖고 살아왔다. 그는 농 민들이 기울인 노력을 인정하고 지원하던 정부의 태도가 4대강 개발로 뒤 돌아선 것에 대한 분노를 감추지 않는다.

"개발 논리에 따라서 편의적으로 다른 땅 줄 테니 떠나서 농사지으라 는 건데 농민들의 삶과 생활 기반을 이해하지 못하고, 소련이 조선인 들을 우즈베키스탄에 강제 이주시키듯이 '느네, 저리 가서 살아' 이런 것 자체가 황당한 거죠."

그의 휴대폰 바탕화면엔 지난 38년 동안 농사지어 온 논의 풍경사진이 있다. 사진을 보고 있을 때 그가 말했다.

"다시 못 볼 것 같아서요."

1993년 양평, 광주, 남양주의 군민들이 모여 '팔당상수원피해주민공동 대책위원회'를 만들었다. 당시 농민들에게 강은 원망의 대상이었다. 대책위 원회에 두 가지 생각이 부딪쳤다. 취수원을 옮기고 규제를 풀어 지역 개발 을 통해 경제를 살려야 한다는 주장과 자연을 살리고 유기농업을 확대해야 한다는 주장이었다.

대책위원회에서 실무를 맡은 정상묵과 김병수는 의견을 같이했다. 유기농업을 확대하는 것이 지역 농민을 살리고, 땅을 살리고, 물을 살리고, 경제도 살리는 길이라는 생각으로 1995년 '팔당유기농업운동본부'를 만들었다.

방춘배 사무국장은 1993년의 지역 갈등이 오늘날 4대강 사업으로 인해 재연되고 있다고 한다.

"4대강 사업하면 개발돼서 좋을 텐데 유기농 하는 사람들 때문에 지역 경제 발전이 안 된다는 거죠. 개발의 욕구가 강한 분들이 많아요. 특히 양수리는 한쪽은 관광지화 되었고 한쪽은 농업 그대로 있잖아요. 양수리 상인들이나 지역 토호들은 '두물머리 몇 농가 때문에 다 망치고 있다', '우리만 손해보고 있다', 이런 식으로 얘기해요."

노국환 씨와 헤어져 정상묵 씨 집을 찾아갔다. 정농회 창립회원인 그는 두물머리에서 유기농의 첫 씨앗을 뿌렸다. 그는 몇 해 전 좋지 않은 예감이 들었다고 한다. 외국의 농촌 지역 — 독일, 캐나다, 스위스, 일본, 쿠바 등 — 을 탐방하면서 갖게 된 생각을 털어놓는다.

"세계적으로 두물머리만 한 경관을 갖춘 곳이 없어요. 베토벤의 〈월광 소나타〉의 배경이 된 스위스의 루체른 호반 정도죠. 지형적으로 두 개의 강이 합류하는 델타 지역이 세계적으로 드물어요. 이렇게 아름다운 데가 없어요. 특히 대도시 근교에 이런 데가 없어요. '여기 가만두지 않는다'는 동물적인 육감이 드는 거예요. 누가 손을 댈 것 같다는. 독일 라인 강도 그렇고 외국은 잘못된 걸 아는 데 100년 걸렸어요. 지금은 콘크리트를 다 뜯어냈어요. 선진국 중에 콘크리트로 이렇게 하는 나라는 거의 없어요. 지금은 공사하지만 나중에 다 뜯게 돼 있어요."

몇 해 전부터 '팔당생명살림'에서는 유기농 단지 본래의 기능을 살리고 확장하는 계획안을 마련하고 지자체와 논의하고 있었다. 팔당 지역 하천부지 점용권을 유기농업을 실천하지 않는 사람들에게도 내주는 문제점 등을 개선하기 위한 것이다. 2008년 6월엔 '유기생태공원'을 제안했다. 계획안에는 생태 탐방로 등을 만드는 것 등이 포함돼 있었다. 하지만 이를 현실화하기 전에 느닷없이 4대강 사업이 고개를 내밀었다.

농민은 농사짓는 게
싸우는 거죠

두물머리에서 신부와 수사들이 107일째 단식을 이어가던 날, 명동성당 들머리에서 생명평화미사가 열렸다. 나는 농민들과 함께 중앙선 기차를 타고 명동으로 향했다. 함께 자리에 앉은 최요왕 씨는 2004년 두물머리에 귀농했다.

유기농을 하는 농민들에게 가장 큰 어려움은 판로를 확보하는 일이다. '팔당생명살림'은 이르게 판로의 안정성을 확보하고 도농 공동체를 만들었다. 이런 환경 때문에 젊은 귀농인들이 많이 찾아왔다. 서울에서 가까운 데다 타향 사람들에게 배타적이지 않은 두물머리 공동체는 젊은 귀농인들에게 매력적인 곳이었다.

최요왕 씨 같은 귀농인들은 마을에 생기를 불어넣었다. 그들이 주도해 만든 것 중 하나가 방과 후 학교다. 소비자 조직인 생협과 함께 만든 방과 후 학교는 현재 지역아동센터로 전환해 복지기관으로 운영하고 있다.

'환경농업단체연합회'에서 실무자로 일하던 최요왕 씨는 귀농에 실패하는 사람들을 보면서 숙고한 후 귀농지로 두물머리를 선택했다. 오래 전부터 자동차와 매연에 갇혀 있고 흙을 볼 수 없는 서울을 떠나고 싶었다. 옆집에 누가 사는지도 모르는 익명의 도시보다 공동체가 있는 곳에서 살고 싶었단다. 그는 닭을 방사해서 키우는 자연양계를 하고 있다. 귀농 후 1년은 일을 배우고 공동체에 동화되는 시간이었다. 이 같은 연착륙 기간을 거친 후 농지를 얻고 집을 구했다.

> "2005년 12월부터 내 농사를 시작했죠. 농사의 틀을 만드는 데 2~3년 정도 걸렸어요. 이제 본격으로 하면 되겠다 했는데 정부에서 농지를 뺏어가네요."

전라도 순천이 고향인 그는 도시생활보다 농사짓는 일이 더 좋단다. 어릴 때 집안일을 많이 도우며 자랐기 때문인지 일이 몸에 배인 편이다. 두물머리 땅끝에 서 있는 나무십자가는 미술에 재능이 많은 최요왕 씨가 만든 작품이다. 유영훈 대표는 그를 대놓고 칭찬하기 멋쩍은지 "농사 빼고 다 잘한다"고 농담을 던졌다.

다음 날 '팔당공대위' 사무실에서 만난 서규섭 씨는 10년 전 귀농했다. 그의 고향인 경북 영주 평은면은 4대강 사업에 포함되어 영주댐이 건설되고 있다.

"수몰지에서 친구가 연락와요. 형편이 어떠냐고 물어보니까 친구 말이, 답이 없대요. '이명박이가 죽어야지' 그래요."

극단적인 이 표현에서 나는 농부들에게 4대 강 싸움이 얼마나 힘겨운 싸움으로 받아들여지는지 어렴풋하게나마 알 것 같았다.

서규섭 씨는 농민들의 조합인 '팔당생명살림'엔 상업적 목적으로 유기농을 하는 사람들도 있다고 말한다.

"유기농업은 반드시 철학과 운동성이 있어야 해요. 경제적 이익만 추구하면 땅을 수탈하게 돼요. 어떻게든 땅을 통해서 이익만 얻으면 된다는 목적만 남게 되니까요. 비싼 품목만 재배한다거나 농약을 몰래 쓰는 거죠. 사람하고 똑같아요. 한 가지 음식만 편식하면 균형이 깨지듯 한 가지만 계속해서 심으면 땅이 대답을 해줘요."

그는 지난 1년 동안 농사짓는 일보다 대책위를 만들고, 국회며 정부청사 등을 찾아다니

두물머리 둔치에서 유기농으로 채소를 키우던 이들이 쫓겨나게 생겼다.

신부님들이 모여 미사도 올리고 농민들과 반대 투쟁도 했지만 개발론자들의 욕심을 꺾지 못했다.

지금은 네 가구만 남아 땅을 지키고 있다.

딸기꽃은 희지만 딸기는 붉다. 농민들의 가슴도 붉게 타오른다.

한때 유기농 딸기로 유명한 이곳이 아이들 농사 체험지로 유명했는데

이제 수변 공원으로 탈바꿈하고 있다.

누가 이곳에 공원 나들이를 올 것인가?

는 일을 더 많이 했다. 요즘은 두물머리보다 서울을 더 자주 간다고 푸념한다. 그러다보니 자신의 일은 항상 뒷전이고 농사시기를 놓치곤 한다. 3월 말에 심어야 할 감자는 시기를 놓쳤고, 노지에 퇴비 주는 일도 때를 맞추지 못했다. 이 지역 농민들의 주요 수입원인 딸기밭 체험객을 모집하는 일도 포기했다.

정부는 채소 농사를 한 가지씩 마칠 때마다 농사를 금지하는 공문을 보내고 있다. 하지만 그는 매일 아침 언제 철거될지 모르는 밭으로 간다. 나는 물었다.

"수확을 못할 수도 있잖아요."

농민 서규섭의 대답은 그다웠다.

"농민은 농사짓는 게 싸우는 거죠."

팔당 지역을 떠나기 전날, 방춘배 사무국장을 만났다. 그는 4대강 사업이 아니어도 팔당에 변화가 필요한 시기였다고 말한다. 팔당 지역이 4대강 사업 대상지가 되자 '팔당생명살림' 구성원들은 공동체의 아픔이 아무는 계기가 되길 바랐다. 하지만 현실은 차가웠다.

"우리 공동체 안에 있던 문제점과 상처들이 부딪쳐서 아물고 서로 용서하고 화해하는 계기가 됐으면 좋겠다는 공동의 목표가 있었어요. 그런데 지금 와서 보면 묻혀 있던 문제들이 드러나면서 서로 더 갈라

지고 있어요. 4대강 사업이 외부에서 왔지만 우리 안에 곪았던 부분이
터진 것이죠."

　농민들의 반응은 한결같지 않았다. 모든 땅을 빼앗기는 한이 있어도 저
항해야 한다는 사람들이 있는 반면, 영농조합이 4대강 싸움에 집중하느라
유통을 소홀히 하는 점에 대해 문제제기하는 이들도 있었다. 주로 농지가
수용되지 않는 조합원들이었다. 형님 아우로 지내온 이웃이었지만 피해를
입는 농민과 입지 않는 농민 사이에 뚜렷한 생각의 차이가 있었다.
　한번은 시민단체의 방문을 앞두고 필요한 공간을 빌리려는 계획이 '딸기
체험객을 받아야 한다'는 이유로 거절당했다. 유기농지를 보존해야 한다는
문구를 적은 현수막이 딸기 체험 홍보 현수막을 가리는 일로 심하게 다툰
일도 있었다. 돈독한 조합원의 관계가 하나둘 깨졌다. 돈벌이 앞에서 인심
은 도시보다 싸늘했다. 한편에서 농사를 뒤로 미루고 4대강 싸움에 나서고
있을 때, 다른 한편에서는 여행객들이 보는 자리에서 '퐁퐁'을 사용해 그릇
을 씻었다. 자리를 함께한 농민 한 분이 목소리를 높인다.

　　"한쪽은 유기농업 수질이 어쩌고 하는데 한쪽은 체험객들에게 닭을 고
　　아 팔고 퐁퐁으로 그릇을 씻는 거예요. 타지 사람들이 보면 사기 친다
　　고 생각할 거 아녜요."

　이 농민은 유기농지를 지킬 수 있게 되더라도 더 이상 두물머리에서 농사
짓지 않기로 부인과 합의했다고 고백했다.
　농지 보전 싸움이 길어지면서 대책위원회 활동을 하는 농민들이 하나둘

떠나갔다. 어떤 농민은 4대강 사업이 넘어서기 힘든 벽이라고 판단하고 떠났고, 어떤 농민은 정부로부터 보상을 받고 떠났다. 서규섭 씨는 팔당 지역의 싸움을 종교인들과 시민단체, 도시 소비자들이 지지하는 데에는, 이 싸움이 생존권 싸움을 넘어 유기농업의 생명 살림의 가치를 공유하고 있기 때문이라며 농민들이 이를 잊어선 안 된다고 역설한다.

"유기농업을 왜 하는가? 그것은 명확하거든요. 농업 자체가 자연을 그대로 놔두지 않고 수탈하고 착취하는 것인데, 이것을 반성하면서 자연 그대로를 두며 생산할 수는 없을까를 고민하면서 유기농업이 나왔어요. 4대강 사업은 자연에 대한 탐욕과 정치적 야망에서 나온 것이 불보듯 뻔한데, 최소한 유기농업을 하는 사람들은 흔들리진 않겠다고 생각했거든요. 그런데 아니에요. 경제논리, 개발로 인한 이익, 이런 달콤한 이야기들로 본질이 가려지고 있어요."

대책위원회 상황실을 나서 다시 남한강을 따라 여주로 향한다. 버스 차창 밖으로 강과 주변의 농지가 파헤쳐지는 모습이 보인다.

내가 4대강을 찾아가게 된 계기 중 하나는, 2010년 4월 10일 첫 번째 답삿길에서 만난 목소리 때문이었다.

"어떻게 해도 안 되는구나 하는 생각에 절망하고 주저하는 날들이 많았어요"라며 외로운 싸움에 북받치는 슬픔을 보인 어느 환경운동가의 눈물과, 매일 방황하고 있다는 한 스님의 고백과, 강으로부터 평생 받기만 하고 살아온 몰염치 때문이었다.

그런데 강을 따라가고 사람들을 만나며 우리 사회 공동체의 금이 간 모

습을 만났고, 곤혹스러웠다. 떠나기 전날, 방춘배 사무국장은 나에게 4대
강 사업을 접하고 놀라지 않았다고 말했다.

"문명은 파괴를 향해 한 발짝씩 가고 있었고 이런 큰 흐름에서 봤을 땐
개연성이 충분했던 하나의 사건이었어요."

여주에서 만난 수경 스님은 4대강 사업과 이를 둘러싼 사람들의 모습은
우리들의 내면을 비추는 거울이라고 말했다. 나는 이 거울을 보는 일이 무
서웠다.

금이 간 거울은 우리들의 얼굴을 몇 조각으로 분리해 기형적으로 보이게
했다. 우리는 너무 멀리 온 것이었다. 강물 아래 잠긴 수몰지처럼 우리들의
마음도 수몰되고 잠들어 있었다.

그러나 나는 외롭게 싸우고 있는 이들과 성찰을 멈추지 않는 이들을 만
났다. 환경운동가들의 사무실은 밤이 되어도 꺼지지 않았다. 나는 강의 길
위에서 만난 사람들에게 '저 미친 괴물'을 막긴 어렵다고 숱하게 들었다. 하
지만 최병성 목사는 수십 번도 넘게 "4대강 사업 막을 수 있습니다"라고 말
했다. 그가 간직한 희망에 대한 의지는 경이로웠다.

그리고 싸울 수도 호소할 수도 없는 존재들의 안간힘을 보았다. 그토록
작은 씨앗들이 강을 살리고, 땅을 지키고, 인간의 본래 모습을 되찾아오는
밑거름이 될 것이라는 희망을 버릴 수 없었다.

이날 밤 여강선원에 도착해 잠들기 전, 나는 머리맡에서 우연히 수경 스
님이 쓴 시를 발견했다. 그 시는 외로운 이들을 위한 기도였다. 그가 떠나
고 없는 지금, 다시 이 시를 읽는다.

오늘 우리들의 기도가

최선을 다한 사람의

마지막 한 방울

눈물이게 해 주시옵소서

—〈강을 위한 기도〉 가운데

모든 것이 사라졌다고 느낄 때까지 남는 것

미안해

염형철은 이포보에 올라가기 사흘 전에야 아내에게 사실을 고백했다. 그것도 중요한 행동을 준비하고 있다는 것 외에 더 자세한 얘기는 할 수 없었다. 젊은 시절부터 위태로운 싸움에 뛰어드는 모습을 숱하게 바라본 아내였지만 남한강으로 가는 일은 허락할 수 없었다.

아내의 뇌리엔 용산참사가 있었을 것이고, 쌍용자동차 노동자들이 공장 지붕 위에서 저항하던 모습이 떠올랐을 것이다. 4대강 사업은 정권의 사활이 걸린 일이었다. 자본의 이윤이 걸린 일이었다. 게다가 남편은 4대강 사업 담당이 아니었다. 그는 '서울환경운동연합'에서 서울시의 환경정책과 실행을 감시하고 견제하는 일을 맡고 있었다.

강으로 떠나는 당일까지 아내의 설득은 수차례 되풀이됐다. 극단적인 카드까지 꺼내 들었다고 한다. 하지만 그는 7월 21일 밤 환경운동가들과 함께 극비리에 여주로 향한다. 그날 아침 두 딸아이가 학교에 가는 뒷모습을 혼자서 바라보았다. 아이들의 얼굴을 볼 자신이 없었다.

그날 밤 그는 귀가하지 않았다.

어두워진 후 누하동 환경운동연합 사무실에서 20여 명의 환경운동가들과 다섯 대의 차량이 출발했다. 여주에 도착한 그는 장동빈, 박평수와 함께 이포보 공사장 입구로 향했다. 공사장 상황을 살피면서 진입로를 찾았다. 초조한 기다림 속에 시간이 흘렀다. 핸드폰 벨이 울리기 시작했다. 아내였다. 전화를 받지 않았다. 핸드폰 벨은 이포보에 오를 때까지 계속 울렸다.

환경운동연합 활동가들과 기자들은 새벽 3시에 여주군청 앞에 모였다. 기자들은 아직 어디로 가는지 모르는 상황이었다. 군청 앞에 언론사 차량이 늘어서 있는 것을 보고 이상하게 여긴 경찰차가 정차했다. 다행히 경찰들은 몇 마디 외에 더 추궁하지 않고 지나갔다. 아슬아슬한 순간이었다.

잠시 후 기자들과 환경운동가들을 태운 차량 열두 대가 긴 열을 지으며 어둠에 잠긴 도로 위에 모습을 드러냈다.

일행은 일시에 공사장 정문 옆 샛길로 진입했다. 공사장 입구를 지나 이포보로 향했다. 충돌을 예상했지만 다행히 길을 막는 사람은 없었다. 경비원이 잠을 자는 모양이었다. 이포보 아래 도착하자마자 세 사람은 계단을 타고 27미터 높이의 댐 기둥을 오르기 시작했다. 누군가 밑에서 다리를 잡아당기는 착각이 들었다. 진땀이 흘렀다. 댐 기둥 위에 올라선 후 기둥과 기둥을 연결하는 하늘다리(공도교)를 지나 목적지로 이어진 임시 다리를 걸어갔다. 목적지인 공도교 가장자리 상판에 다다랐다. 목적지는 강 한가운데 자리 잡은 또 다른 댐 기둥의 상판이었다. 곧바로 방금 지나온 임시계단을 제거했다. 잠시 후 투입될 경찰들이 건너올 수 없게 하기 위한 것이다. 새벽 3시 25분이었다.

댐 기둥 상판에 올라 준비한 현수막을 내걸었다. 주변 상황을 파악하고 가져온 물건들을 정리했다. 댐에 오른 지 세 시간쯤 지나 아내에게 전화를 걸었다. 그는 오래 준비한 말을 건네었다.

"이포보에 올라왔어. 미안해. 위험한 일은 벌이지 않을 테니 너무 걱정하지 말아요."

전화기 저편에서는 아무 소리도 들리지 않았다.

"사랑해."

아내에게 그가 할 수 있는 마지막 말이었다.

툭, 전화가 끊어졌다.

아내와 함께한 지난 20년의 세월이 주마등처럼 흘러갔다. '생명의 숲' 활동가인 아내는 캠퍼스 커플이자 학생운동을 함께한 동지였다. 두 사람이 결혼한 때는 충북대 총학생회장이던 그가 시위 주동 혐의로 2년의 형기를 마치고 감옥에서 나온 직후였다.

상념에 빠질 여유가 없었다. 공도교는 50평 남짓한 넓은 공간이었고 한가운데 커다란 구멍이 뚫려 있었다. 도처에 공사자재들이 널려 있었다. 각목, 쇠파이프, 빔, 상판을 두르는 데 사용하고 남은 가림막 등을 이용해 '집'을 만들었다. 그곳에서 햇빛을 피하고 잠을 잤다.

그들은 이포보에 어울리는 이름을 지었다. 바빌론의 붕괴된 탑 이름을 빌려 '이포 바벨탑'이라고 불렀다.

이포보에 오른 후부터 마흔 시간가량 잠을 이루지 못했다. 시간이 흐르면서 공사장의 경찰 병력이 늘어났고 기동대가 투입되었다. 경찰들은 3미터 앞에 진을 쳤다. 여주경찰서의 경찰과 전경, 경기도경 기동대였다. 공중에서 헬기가 저공비행하며 이들을 주시했다. 교각 아래에서 추락방지용 그물망을 설치하려 시도했다. 공권력 투입 움직임이 느껴졌다. 경찰들은 밤이 되면 각목과 쇠파이프를 두드리고 박수를 치기도 했다. 메가폰의 사이렌이 울렸다. 20미터 앞 교각에 서치라이트 두 대를 설치해 빛을 쏘며 수면을 방해했다. 세 시간에 한 번씩 선무방송이 들려왔다.

"염형철, 박평수, 장동빈. 너희들의 행동은 재산상의 피해를 심각하게 끼치는 범죄행위다. 내려오지 않으면 진압할 수밖에 없다."

선무방송이 들릴 때마다 잠에서 깼다. 자다 깨고 자다 깨는 토막잠을 되풀이했다.

농성자들은 경찰들을 적대적으로 대하지 말자고 논의했다. 가능한 예의를 갖춰 대화를 시도했다. 4대강 사업 논의의 기폭제를 만들기 위한 목적이 경찰들과의 실랑이로 변질되지 않도록 하기 위해서였다. 보궐선거에서 여당이 승리하면서 정부는 이포보 농성자들을 강제진압 대신 방치하는 쪽으로 방향을 바꿨다. 기동대가 빠져나간 후 분위기가 누그러졌다. 농성자들과 경찰들 사이에 토론이 벌어졌다. 환경운동가들은 4대강 사업의 문제점을 역설했다.

환경운동연합의 활동가들이 속도전으로 공사 중인 이포보에 올라가 농성을 벌였다.

그 뜨거운 햇볕과 목마름, 불안을 생각하면 차라리 이것은 전쟁이다.

4대강 사업은 국민의 편의를 위한 것인가, 아니면 불안을 위한 것인가?

"어떤 친구는 '설마 정부가 몰지각한 판단을 하겠냐? 우리는 그래도 대통령을 믿는다'고 얘기하고, 우리들 말에 고개를 끄덕이며 이해한다는 친구도 있고. 그런데 시골에서 근무해서인지 경찰들이 참 착해요. 저희들 걱정도 많이 해주고."

며칠 지나지 않아 경찰들이 고통을 호소했다. 대부분의 경찰관들이 피부병에 걸린 것이다.

"우리는 준비하고 왔는데 그쪽은 준비 없이 스티로폼 한 장에 담요 깔고 콘크리트 위에서 잔 거예요. 우리는 침낭에서 잤어요. 콘크리트를 양생하자마자 그렇게 잤으니 어떻겠어요? 콘크리트 독이 올라와서 피부병에 걸려 고통스러워했어요."

미안하다는 말을 건네었다.

"그런 얘기 만날 했죠. '힘들어 죽겠다. 빨리 내려와라', 그러면 '조금만 기다리세요' 하고 달래죠."

여주 지역 주민들은 새벽까지 방송을 내보냈다.

"주민들이 아니죠. '나쁜 새끼들' 어쩌고 하면서 밤새도록 방송으로 욕을 해요. 완전히 우리한테 맞춰서 하는데 선명하게 들려요. 그게 아주 시끄러웠고 듣기 힘들었어요. 나중에 보니 이런 활동을 한 분들이 대부분 부동산업자예요. 댐 공사로 땅값이 오르길 바라는 분들. 또 주민들조차 농사를 짓고 살겠다는 게 아니라 땅값 오르길 기대하며 부동산업자들의 행패를 방치하고. 우리 사회는 부동산 토목업자들의 노예가 된 사회입니다. 그런 시위가 가능한 것은 지역공동체가 붕괴됐기 때문이에요. 부동산 땅값에 의한 불로소득에 혈안이 돼 있는 우리 사회의 천박함이 농촌을 붕괴시킨 거예요."

세 사람은 번갈아가며 토막잠을 자며 견뎠다. 두 사람이 잘 때 한 사람은 불침번을 섰다. 뒤척이는 날이 많았다. 하루에 네댓 번씩 잠에서 깨었다. 그는 그런대로 소음과 불빛에 조금씩 적응하며 잠을 잘 수 있었지만 박평수가 불면으로 힘들어했다. 자연스레 박평수가 불침번을 주로 서게 되었다. 잠에서 깨면 책을 읽었다. 서치라이트 불빛이 매우 환해 글씨가 잘 보였다.

먹는 것도 문제였다. 첫 열흘은 '햇반' 등 준비해 간 음식을 아끼고 나눠 먹었다. 그 후부터 선식을 먹었다. 아침 점심 저녁 모두 선식이었다. 입에 물릴 수밖에 없었다. 영양 부족으로 두통과 현기증이 일었고 몸무게가 줄어드는 게 느껴졌다.

"선식을 부침개로도 먹어보고 조금이라도 다르게 맛보려고 시도했어요. 선식을 보통 물에 타서 마시는데 금방 질려요. 그래서 우리는 물을 아주 조금만 넣고 이겨서 먹었어요. 씹어 먹으니까 훨씬 낫더라고요."

세 사람은 맛있는 것들을 떠올리며 허기를 견디었다. 가장 먹고 싶은 것은 매콤한 김치찌개였다. 지상으로 내려가면 맨 먼저 김치찌개를 먹자고 얘기를 나눴다. 선식을 20일쯤 먹은 후 꿈에도 그리던 햇반과 라면이 올라왔다.

"매운 걸 먹고 싶다는 얘길 했더니 '신라면'과 '열라면'만 계속 올려줬어
요."

지원상황실에서 보낸 음식물은 대나무에 매달아 경찰들이 건네주었다.
기둥 상판의 구멍 난 곳을 통해 자일과 양동이를 이용해 물을 퍼 올렸다. 남
한강 물은 공사로 인해 탁했다. 이물질을 가라앉힌 후 끓여 먹었다. 가져
간 물건들 중 가장 유용한 것이 어린이용 풀장이었다. 풀장에 빗물을 받았
다. 빗물은 걸러낼 게 거의 없을 만큼 위생적이고 깨끗하다는 걸 새삼 깨달
았다.

화장실은 가림막 천으로 가려 구분했다. 소변은 먹고 남은 생수통에 담
았다. 염형철은 청주에서 환경운동을 하며 생수공장들과 치열하게 싸운 후
부터 생수를 먹지 않았다. 그때 이후 처음으로 마시는 생수였다. 대변은 화
장지에 싸서 밀폐된 비닐봉투에 보관했다. 더운 날씨가 계속되면서 냄새가
진동했다. 참다못해 자일에 봉투를 매달아 상판 아래 구조물에 별도로 보
관했다.

일기일회 一期一會

농성자들은 정해진 시간을 철저하게 지키며 규칙적으로 생활했다. 8시 기상, 12시 점심식사, 18시 저녁식사, 22시 취침. 아침에 일어나면 요가와 스트레칭으로 몸을 풀었다. 좁은 공간에서 생활하다보니 갈수록 하체가 저렸다. 그래서 앉았다 일어나기를 반복하고 15미터 둘레의 공도교를 빙빙 돌며 달렸다.

이들은 시민들과 소통하는 새로운 농성 방식을 시도했다. '유쾌하고, 활발히 소통하고, 재미있는 상상을 만들어내고, 평화롭게 진행하는' 방식이다. 4대강 사업의 상징적인 장소 이포보를 중심에 두고 놀이와 논의의 장을 만들고 싶었다. '트위터'와 '페이스북'을 활용하고, 전화와 언론 기고 등을 통해 세상 밖으로 메시지를 전달했다.

시민들과의 소통은 1주일 만에 난관에 봉착했다. 태양광 발전기를 실수로 빠트리고 올라갔던 것이다. 작은 발전기 하나가 있었는데 1주일 만에 고장 났다. 환경운동연합 에너지 위원인 장동빈이 자가발전 손전등을 이용한 휴대폰 충전기를 발명했지만 소규모 전력이라 오래 가지 못했다. 그것이 가장 아쉬웠다고 한다.

바벨탑에서 바라본 풍경은 황량했다. 농성 중에도 이들이 지키는 교각을 제외한 곳에 크레인과 굴착기가 투입되었다.

"우리가 있던 곳은 금모래가 많아 금사면이에요. 이포습지는 남한강의 가장 좋은 습지 중의 하나였어요. 그걸 싹 밀어버리고 평평하게 해서 나무를 다시 심더라고요."

낮엔 40도를 웃도는 폭염을 견뎠다. 저녁엔 매우 습했다. 아침이면 안개가 자욱하게 끼었다. 흐린 날씨와 태풍, 쉬지 않고 내리는 비 때문에 달과 별을 만나기 어려웠다. 그러던 어느 날 날씨가 개더니 보름달이 떠올랐다. 영화 〈아바타〉에서 본 장면이 생각났다.

"여강 이포에 달이 떴습니다. 당신과 내가 있는 곳은 다르지만 우린 함께 달을 봅니다. 우리가 멈추지 않는다면, 주저앉지 않고 깨어나 흐른다면, 우리의 강은 영원히 흐를 것입니다."

그는 '이포 바벨탑'에서 보낸 41일이 무료하지 않은 시간이었다고 말한다. 귀뚜라미들이 올라왔고 여러 종의 할미새들이 종종거리며 발치 앞까지

여주 지역의 관변 단체들이 몰려들어 "우리 강 개발을 위한 것인데,
외부의 불순세력들은 방해 말라"며 환경운동가들을 협박한다.
이것은 지역 이기주의를 넘어 누가 강 개발로 이익을 얻는지 명확하게 보여준다.
군수와 이장, 부동산업자에 지역 깡패들까지 모여 있다.

다가왔다.

"너무 이뻤어요. 우리에게 작은 기쁨을 줬죠. 백로며 왜가리도 심심찮
게 다녀가며 즐겁게 해줬어요."

세 사람은 가져온 책을 돌려가며 읽었다. 그가 가져간 책은 법정 스님의
법문집 《일기일회》, 신정섭의 한강 답사기 《한강을 가다》, 마이클 샌델의
《정의란 무엇인가》, 도종환 시집 《흔들리지 않고 피는 꽃이 어디 있으랴》였
다. 각자 가져온 책을 모아보니 열 권 정도 되었다. 평균 두 번 이상 읽었다.
법정 스님의 책은 세 번 읽었다. 한 구절이 가슴에 다가왔다.

모든 것이 일기일회입니다.
모든 순간은 생애 단 한 번의 시간이며,
모든 만남은 생애 단 한 번의 인연입니다.

'바벨탑'에서 보내는 시간이 더욱 소중하게 여겨졌다. 그는 지난 2년 동
안 겪은 일들이 생각났다. 부진과 침체에 빠진 시간이었다. 그로부터 벗어
나고 싶었다. 이포보에서 보낸 날들은 환골탈태의 시간이었다.

"개인적으로 인생에서 가장 큰 충격이 있어요. 검찰이 우리 단체를 수
색했거든요. 검찰이 흘린 내용 대부분은 사실이 아닌 정치 공세였지만,
시민운동 단체가 돈 문제로 시달리고 의심받는 상황 자체가 견디기 힘
들었지요. 이포보에 올라간 일을 계기로 새롭게 에너지를 얻게 되었고

활기차진 거 같아요. 삶에 대해 다시 생각하고 정리할 수 있었기 때문에 운동이라든지 스스로에 대해 차분해진 부분도 있고. 특히 법정 스님 책을 읽으면서 마음가짐을 어떻게 하고 살아야 할지 거듭 생각하게 됐어요."

일기일회. 이포보에서 보낸 41일은 '생애 단 한 번' 수행의 시간이었다. 늘 무언가를 읽거나, 쓰거나, 생각하는 시간이었다. 하루에도 몇 번씩 노트에 일기를 썼다. 책 한 권 분량의 노트는 농성을 마쳤을 때 경찰들에게 압수당했다. 노트엔 이포보에서 보낸 41일의 삶이 고스란히 담겨 있다.

그에게 댐과의 싸움은 2002년으로 거슬러 올라간다. 그해 환경단체들은 '댐 반대 국민행동'을 결성했다. 전국에 열두 개의 댐을 건설하는 정부의 사업계획을 막기 위한 것이었다. 그는 실무자로 지리산부터 봉화, 청양, 양구, 철원까지 열두 개 지역을 뛰어다니며 주민대책위원회를 만드는 데 힘을 보탠다. 이때 거의 대부분의 댐 건설을 취소시켰다.

"물 부족 지역은 산간과 섬 지방만 남아 있기 때문에 물을 공급하기 위한 댐은 끝났어요. 물 공급을 위한 댐들이 없기 때문에 우리가 사업을 백지화시킬 수 있었죠."

2006년엔 물 정책에 관한 최고 정책인 '수자원 장기 종합계획'을 만드는 일에 참여했다. 그때 여러 분야 전문가들과 함께 진보적인 정부 정책을 완성한다.

"더 이상 댐을 건설하지 않는다. 홍수와 더불어 사는 사회를 만든다. 홍수 자체를 막는 게 아니라 홍수에 적응하는 사회를 만들겠다는 내용입니다."

4대강 사업은 '수자원 장기 종합계획'에 근거가 없는 사업이다. 그런데 얼마 지나지 않아 갑자기 한반도 대운하 사업이 등장했고 4대강 사업이 시작된 것이다. 2002년 정부에서 시도한 열두 개의 댐을 모두 합해도 비교할 수 없는 거대한 사업이었다. 그땐 댐에 올라 농성한다는 것은 상상할 수도 없었다.

'이포 바벨탑'에 오른 후 매일 시민들의 지지방문이 이어졌다. 7,000명에 이르는 사람들이 이포보를 찾아왔다. 가장 반가웠던 방문자는 함안보 크레인에 올라 농성을 벌인 환경운동연합의 이환문, 최수영이었다. 아내와 딸아이가 찾아온 날엔 눈시울이 뜨거웠다.

'바벨탑'에서 내려오던 날 만감이 교차했다. 인간의 욕망에 포위되고 구속된 강을 두고 내려오는 일이 미안했다.

"해놓은 게 별로 없어서 아쉬움이 있었죠. 불구속됐는데 구속되는 것도 나쁘지 않다고 생각했어요. 계속 싸워야죠. 해야 할 일이 많이 남아 있어요. 싸움이 끝나려면 멀었습니다. 저들이 보를 다 세운다면 우린 폭파해야죠."

유치장에 있을 때 가장 미안한 사람이 찾아왔다. 아내였다. 누구보다 강하게 만류했지만 누구보다 크게 응원해준 사람이었다.

"내려와서 맘이 놓인다고 했어요. 차라리 구속돼 있는 건 모르겠는데 그 위에 있는 게 너무나 불안했다고 해요. 아이들은 어른스러워요. 제가 환경운동가로 사는 것을 자랑스러워하고 갈 수밖에 없었겠다고 이해를 해요."

아쉬움과 더불어 '희망'을 안고 내려왔다고, 그는 '트위터'에 글을 남겼다.

"700미터 지하에서 69일을 버티다 생환한 칠레 33인의 광부들처럼, 모든 것이 사라졌다고 느낄 때까지 남는 것이 희망이다."

이
야
기
하
나

낙동강

경천대에서 바라보는 회상들이다.

상주에는 이런 넓은 들에서 쌀이 많이 생산된다.

쌀과 누에고치와 곶감. 이를 일러 삼백(三白)이라 했다.

이것이 낙동강 때문이라는 것은 두말 할 필요가 없다.

하지만 저 멀리 공사장이 보인다. 이제 저 들은 사라질 것이다.

인간이 강과 함께 살아가는 법

나는 자연만 보면
거칠어지는데……

2010년 7월 24일. 낙동강으로 떠났다. 지율 스님이 머물고 있는 상주에 도착했다. 중동면 회상 삼거리에서 식사를 마치고 식당 앞마당에서 담소를 나누고 있었다. 사진동호회 '진상' 회원 홍상환 씨가 말했다.

"저는 마음이 거칠어질 때면 우포늪을 찾습니더. 우포늪에서 떠오르는 해를 보면 마음이 조금씩 진정이 되거든예."

지율 스님이 혼잣말하듯 대답했다.

"그래요? 나는 자연만 보면 거칠어지는데……."

상주의 옛 이름은 사벌이다. 새로운 넓은 벌판이라는 뜻이다. 상주의 서쪽은 소백산맥이 자리 잡고 있고, 동쪽은 낙동강이 흐른다. 태백에서 발원한 안동천, 소백산에서 내려오는 내성천, 월악산에서 흘러오는 영강. 이렇게 세 강이 상주에서 만나 낙동강 본류 700리가 시작된다. 여러 물줄기가 만나는 물골이어서 비옥한 평야가 발달했다.

버스가 달리는 길옆으로 작은 논들이 이어지고 있다. 경작을 하지 않는 이 논들은 준설토 적치장으로 이용될 것이다. 버스는 매골 버스정류장에서 좌회전해 지율 스님이 사는 회상 마을로 들어선다.

지척에 스님이 세 들어 사는 집이 있다. 스님이 이 마을에 자리 잡은 것은 2009년 11월이었다. 낙동강 구간 중에서 상주에 터를 잡은 것은 접근성이 좋아 사람들이 많이 찾을 수 있기 때문이었다. 상주는 낙동강 본류가 시작되는 곳이고 서울과 부산의 중간께에 위치한 지역이다. 스님은 서산대사의 법어 '모기가 가마솥을 뚫는다'는 말로 상주에 온 이유를 설명한다.

"모기가 가마솥을 뚫을 때 어떻게 뚫어요? 제가 사는 집에 가마솥이 있는데 저녁에 물을 담아놓고 아침에 보면 물이 없어요. 새는 거지. 근데 구멍이 안 보여요. 돌아다니면서 보면 제일 얇은 데가 있을 거라는 거죠. 그곳을 계속 집중해서 뚫는 거예요."

스님은 카메라와 캠코더를 들고 다니며 낙동강변의 사계절을 지속적으로 촬영하고 있다. 공사가 진척되며 사라져가는 강을 기록하기 위한 것이다.

지율 스님이 상주에 자리를 잡자 '말썽 피우는 사람이 왔다'는 소문이 삽시간에 퍼졌다. 주민들은 마을회의를 열어 대책을 논의했다. 시와 면 단위

상주는 예부터 자전거의 마을이다.

꼭 자전거를 타자고 했던 것이 아니라 그저 자전거가 교통수단이었을 뿐이다.

하지만 이제는 강변뿐 아니라 산 중턱까지 밀어서 자전거 도로를 내고 있다.

그 길로 누가 자전거를 탈지 궁금하다.

에서도 대책을 세우고 세를 준 집주인을 닦달했다. 어려운 상황에 처할 때마다 힘이 되어준 것은 집주인이었다.

"스님한테 말 못하고 힘든 일이 많았다'고 해요. 그럴 때마다 이렇게 얘기했대요. '나는 4대강을 반대하지 않지만 반대하는 사람들의 목소리도 중요하다. 새가 두 날개로 날지 한 날개로 나느냐?' 그러면서 맘 편하게 살라고 격려를 해주셨어요. 지금은 마을 분들이 먹을 것도 조금씩 덜어서 주시고 잘 지냅니다. 물론 찬반에 대해서는 별 변함이 없어요."

낙동강에서 만난 어느 환경운동가는 스님을 두고 이렇게 말했다.

"환경운동사에서 별안간 나타난 존재였어요. 누구도 예상치 못한 등장이었죠."

지율 스님은 경상남도 양산에 있는 내원사의 선승이었고 산을 관리하는 산감의 직책을 맡고 있었다. 스님은 어느 날 천성산 터널 공사 현장을 보고 깊은 충격을 받았다. 전무후무한 단식이 이어졌고, 터널 개발의 책임으로부터 자유로울 수 없는 시민들은 난데없이 들려온 죽비소리에 당황했다. 단식일이 더해가면서 사람들의 태도는 갈렸다. 한편에서는 생명을 마구 파헤친 대가로 욕망을 채우며 살아온 삶의 방식을 두려워했고, 다른 한편에서는 결과적으로 그 삶의 방식을 폭로하는 스님에 대한 분노를 감추지 않았다. 그들은 평범한 우리 이웃이었고, 우리들이었다. 그 후 나는 김곰치의 생명 르포집《발바닥 내 발바닥》의 한 대목에 눈이 머물렀다.

> 어떤 한 존재의 가치는, 단 한 사람이라도 이게 정말 귀하구나, 하고 그 숨은 가치
> 를 알아본다면, 그 한 사람이 알아본 가치를 어느 누구도 무시하면 안 된다고 생
> 각해요. 또 그 어떤 존재의 진정한 가치를 알아보는 그런 한 사람이 나타나기 전
> 에는 어떤 사소한 존재라 해도 우리가 그 숨은 가치를 아직 모르고 있는 것이라고
> 봐야 해요.

회상마을을 빠져나가자 푸른 논밭이 시야를 가득 채운다.

> "이 논들이, 못 느낄지도 모르겠는데, 하회마을보다 더 아름답다고 생
> 각해요. 이 논들의 반쪽이 잘려 나갑니다."

논 사이로 난 길가에 버스를 세우고 차에서 내린다. 강 옆으로 난 '갈밭
길'을 따라 걷는다. 뙤약볕이 쏟아진다. 5분 남짓 걷자 일부가 파헤쳐진 밭
이 보인다. 서둘러 문화재 지표조사를 한 후 흙을 덮고 떠난 흔적이다. 공
사 구역을 알리는 빨간 깃대가 여러 곳에 꽂혀 있다. 강을 직선화하기 위해
일직선으로 열을 지어 꽂은 것이다.

낙동강 본류가 시작되는 경천대 아래 모래사장이다. 강변은 자갈밭과
모래밭이 드넓게 펼쳐져 있다. 공사를 시작하지 않은 곳이라 삽차는 보이
지 않는다. 그런데 물빛이 흐리다. 준설공사를 하는 상류의 영향이다. 공
사 전엔 물이 투명해 육안으로 헤엄치는 물고기들을 많이 볼 수 있었다고
한다.

낙동강변을 걷는 지율 스님의 발.

스님은 모래사장을 걸을 때 늘 맨발이다.

마치 그 땅의 맨살을 느끼려는 듯 스스로도 맨발을 한다.

스님을 따르는 자들도 역시 맨발을 할 수밖에 없다.

스님이 물속으로 걸어 들어간다. 우리도 신발을 모래 위에 벗어두고 양말을 벗는다. 수심이 얕아 강 너머까지 걸어 다닐 수 있다고 한다. 발바닥에 닿는 모래가 부드럽다. 스님이 멈춰 서서 자신의 발등을 내려다본다. 발이 보가 되었다.

"모래가 우리가 생각하는 것보다 굉장히 빨리 흘러요. 이렇게 막아두면 금방 모래가 쌓여요. 상주보의 경우 앞으로 모래 문제가 큰 문제가 될 것 같아요. 모래가 계속 쌓일 테니까."

상주보는 세 개의 강이 만나 흐르는 곳이다. 여러 강에서 흘러온 모래가 퇴적되면서 발생할 문제에 대한 충분한 논의도 대비도 없다.

나도 발로 보를 만든다. 모래는 금세 내 발등을 넘어 흘러간다. 보를 넘쳐흐른다.

스님이 강바닥 준설 작업의 의미를 쉽게 풀이해준다.

"지금 걷고 있는 이곳은 강바닥을 지하 4미터를 파요. 물 높이는 평균 6미터 이상이 될 거예요. 물고기들은 그렇게 깊은 데 살 수 있는 애들이 많지 않아요. 우리 삶을 생각해보면 알 거예요. 우리가 갑자기 지하 6미터에 가서 사는 거하고 똑같은 거죠. 맑은 공기와 익숙했던 지상을 버리고 갑자기 6미터 지하에서만 사는 겁니다."

강물 속에서 나와 모래사장을 걸을 때 스님이 갑자기 허리를 굽힌다. 다시 허리를 편 스님의 손에는 그릇 조각 하나가 들려 있다.

"사금파리예요. 우리가 강에서 살았던 흔적이죠. 이런 것들이 의외로 많아요. 최근에 버린 건 아니에요. 이거는 집이 무너지거나 삶의 터전이 없어졌을 때 물살을 따라 흘러온 거예요. 여기 살던 삶들이 떠내려 온 거예요."

스님의 눈에는 내겐 안 보이는 모래사장의 사금파리가 보이나 보다. 발걸음을 뗄 때마다 스님은 계속 사금파리를 줍는다. 나도 모래사장을 살핀다. 몇 조각의 사금파리를 줍는다. 어디선가 떠내려온 삶이 손 안에서 빛나고 있다.

스님이 모래 위에 그리고 있는 낙동강 지도를 바라본다. 거침없이 강과 땅 이름이 쏟아져 나온다. 태백 황지못에서 을숙도까지 낙동강 지도가 완성된다. 우리가 서 있는 곳에서 2킬로미터 위쪽에 '700리 낙동강'의 발원지가 있다. 세 강이 만나는 자리다. 낙동강은 큰 지천이 열 개 정도 있고, 작은 지천이 720개 정도 있다. 강은 지천을 만나면서 커지고 평야를 만들면서 흘러간다.

"아까 농사 안 짓는 땅들 보셨죠? 예전엔 다 홍수터였어요. 물이 들어왔던 곳이죠. 강이 만들어놓은 저지대 땅들이에요. 제가 다니면서 보니까 그동안 우리 선조들이 터를 잡을 때는 항상 지천과 낙동강 본류 중간에다 잡았어요. 옛날 어른들은 물길을 피해서 안전한 곳에서 살았어요."

상주가 그렇고, 안동천과 태백산 중간에 있는 안동이 그렇고, 소백산과 낙동강 중간에 있는 예천·영주가 그렇고, 대구가 그렇다. 선조들은 낙동 강 본류에서 15킬로미터 이상 떨어진 곳에 도시를 만들었다고 한다.

"어제 만난 주민들도 땅이 범람한다는 거예요. 옛날에 강이었던 땅에 우리가 들어가서 사는 것을 잊고 강이 넘친다는 거죠. 주체를 바꿔버 린 거예요. 재난이 이쪽으로 온 게 아니라 우리가 재난 가까이 갔다는 생각을 안 하는 거죠. 예전에는 홍수가 없었는데 언젠가부터 홍수가 많이 나는 이유 중 하나는 제방을 쌓기 때문이에요. 제방을 쌓고 강 을 직선화하고 홍수터의 물을 빼냈어요. 그래서 강물이 범람하는 겁 니다."

스님이 관리하는 인터넷 카페는 '어찌 이곳을 흐트리려 합니까'이다. 전에 만든 홈페이지는 '낙동강 3.14'다. 숫자 '3.14'에 담긴 의미를 설명한다. 물 은 평지에 펼쳐놓아도 회전한다. 물의 에너지는 곡선으로 흐르기 때문이란 다. 강은 직선거리의 3.14배만큼 회전한다. 실제 스님이 낙동강 전 구간을 계산했을 때 2.9배의 회전률이 나왔다. 3.14배에 이르지 못한 것은 그동안 강을 직선화했기 때문으로 추측했다.

"물이 얼마나 무거우냐면요, 1세제곱미터에 1톤이에요. 그 무거운 물 이 부피가 늘면 굉장한 힘을 갖게 돼요. 지금 우리가 보면 물이 너무 조용하게 흘러가죠. 저 바위들을 깎았어요. 우리가 막아놓은 제방, 강 가까이 가지고 온 것들을 얼마든지 무너뜨릴 수 있어요. 자연이 어떤 일을 할지 우리는 잘 모릅니다. 강도 화를 내요. 가능하면 재난 가까이 가지 않는 것이 좋은데. 4대강 사업의 문제는 물의 에너지 안으로 계속 들어간다는 거예요. 그런데 강은 언제든지 범람하게 돼 있고 또 범람해야만 땅이 건강해지고 기름져져요."

공명共鳴
: 그냥 내가 우는 것,
울면서 존재들의 울림을 듣는 것

물가에서 나와 모래사장을 걷는다. 지율 스님은 4대강을 기록하기 위해 찾아온 우리들을 향해 "일찍일찍 기록들 좀 하지"라고 말하며 아쉬움을 내비쳤다. 스님은 앞으로 이 강변에서 낙동강을 지킬 것이라고 예고했다.

"사진 잘 찍어두세요. 많이 찍어났다가 제가 여기서 기숙하게 되면 이곳에 대한 이야기를 여러분이 해주셔야 돼요."

버스를 타고 '낙동강 제1경' 경천대로 향한다. 경천교를 건너 산길을 오른다. 한여름 산길을 걸으니 땀이 등줄기를 타고 흘러내린다. 10여 분 후 경천대 전망대에 오르자 비경이 모습을 드러낸다. 경천대 아래에서 강은 아름다운 곡선이 된다. 강이 몸을 휜 자리마다 토해낸 모래사장이 비경을 완성한다. 높은 곳에서 내려다본 '회상들'은 반달 모양이다. '회상들'은 회상마을 앞 들녘으로 우리가 앞서 걸었던 곳이다. 오른쪽 풍경 끝으로 상주보가 보인다. 상주보에 이르기까지 강은 산 하나를 에돌아 흐른다.

"앞에 보이는 '회상들'이 절반 정도 잘려나갑니다. 병성천을 따라 펼쳐진 초록색 들, 그리고 저 끝에 보이는 팔봉산 아래까지 준설한 모래를 쌓는 적치장이에요. 상주 땅의 3분의 1은 모래를 저렇게 쌓게 돼요. 그래서 지금 저 산 끝까지 농사를 안 짓고 있어요. 오늘도 공사 구역을 알리는 빨간 깃발을 꽂고 있습니다.
우리가 지금 이런 선택을 하고 있지만 매순간 환경문제에 있어 선택을 할 때 이것이 큰 교훈이 되도록 운동을 해나가야 돼요. 반대하는 것도 너무 중요하지만 이것이 진행된 과정과 결과를 모니터링해서 환경에 대한 인식을 높이는 것이 중요하다고 생각합니다. 들여다보고 있으면 너무 마음이 아파요."

스님의 집이 보인다. 작은 섬 안에 있다. 섬 같은 그 집에 홀로 기거하며 '초록'이라는 닉네임으로 세상과 소통하고 있다. 스님은 사진과 동영상을 올리고 낙동강의 소식을 전하는 일을 공명(共鳴)이라고 표현했다. 공명은 "그냥 내가 우는 것"이고 "부탁은 가능하지만 강요할 수 없"는 것이라고 했다. "울고 있으면 다른 이의 울림을 들을 수 있게" 된다고도 말했다.
공명을 위해 스님은 바랑에 카메라 하나 들고 낙동강 1,300리를 걸었고, 구담습지를 찍고 해평습지를 찍었다. 그것은 스님의 만행(萬行)의 방식일 것이다. 스님은 만행이라면 원래 자신 있었다고 한다. 아무것도 없이 1년 365일 만행을 다닐 수 있었다.

상류 쪽으로 제방이 쌓여 있다. 2009년 스님이 처음 왔을 때 없던 제방이다. 새 정부 초기부터 이곳에 제방 공사를 하고 있었다. 오래 전부터 국민들 모르게 4대강 사업이 시작된 셈이다.

청강부대 숙영지가 있는 문경시 영순면의 35공구 현장이다. 버스에서 내려 영풍교를 걷는다. 영풍교는 영강과 낙동강의 합수머리에서 2킬로미터 거리에 있다. 영풍교 난간에 기대어 강을 바라본다. 그동안 공사 현장에서 보지 못한 낯선 군청색 포클레인 몇 대가 강에 입을 벌려 모래를 삼키고 다시 뱉는다. 군용 삽차다. 주변의 모래들이 배를 뒤집고 널브러져 있다. 2010년 5월 국가의 부름을 받은 117명의 군인들이 중장비 70여 대를 앞세우고 4대강 사업 현장으로 왔다. 지방선거 전날인 6월 1일 기습적으로 공사를 시작했다.

영풍교 끝에 다다를 무렵 다리 밑으로 수달 등의 동물 발자국이 보인다. 스님은 이 자리에서 수달 똥을 많이 발견했다. 수달의 먹이인 물고기가 풍성한 이 강변으로 자주 내려왔던 것이다. 수달이 되돌아간 숲이 어둡다.

일행은 태극기가 꽂혀 있는 숙영지를 향해 걷는다. 청강부대의 4대강 사업 투입은 국군의 의무인 안전보장, 국토방위와 무관한 병력 배치라는 논란을 불러일으켰다. 들리는 말에 의하면 청강부대 숙영지에는 생태공원이 들어설 것이라고 한다.

영풍교에서 본 상주 낙동강이다.

영풍교는 영강과 낙동강의 합수머리에서 2킬로미터 거리에 있는 다리로

상주 지역의 준설 공사를 한눈에 볼 수 있는 곳이다.

이 공사 구간을 맡고 있는 업체는 이름도 고약한 '청강부대'다.

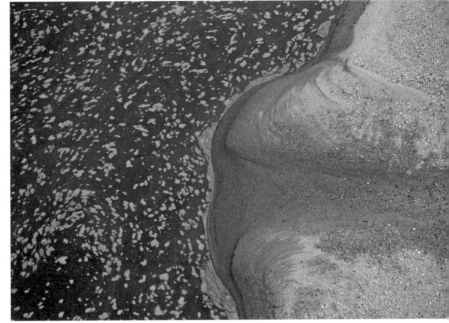

영풍교 밑의 물이 썩어 들어간다. 물이 물처럼 흐르지 못해서다.

이곳은 전에 수달이 나다니던 곳이다. 하지만 이제는 사라진 듯하다.

공사 후 얼마의 시간이 걸려야 그 짐승들이 돌아올까?

뭇 짐승들에게 참 몹쓸 짓을 하고 있다.

"낙동강 가는 곳마다 '생태공원'이라는 팻말과 '리모델링'이라는 말이 같이 있어요. 잘 지켜보면 대체로 생태공원 단지들은 그 뒤에 복토를 넓게 하고 있습니다. 즉 부지 조성이에요. 산업단지나 주택단지나 테크노파크가 들어오는 곳에 생태공원이 조성되고요. 부대시설의 하나라고 생각하면 돼요. 생태적인 공원이 아니고 다른 목적을 가진 공원이 많아요."

청강부대 입구에서 두 명의 위병이 총을 들고 경계를 서고 있다. 지율 스님이 놀라 소리친다.

"공사하러 온 사람들이 총을 들고 나오면 어떻게 해요? 무섭다. 사람들이 지나가다 무슨 생각을 하겠어요?"

청강부대 앞엔 지난 두 달간 준설한 모래를 쌓아올린 5미터 높이의 적치장이 있다. 지율 스님이 적치장 위로 올라간다. 스님을 따라 올라서자 예상치 못한 너른 모래밭이 펼쳐진다. 사막 같다. 카메라를 든 스님이 어느새 사막 끝으로 멀어져간다. 그녀가 걸음을 옮길 때마다 발이 푹푹 빠진다. 사막을 헤매는 구도자 같다. 사진기를 든 기록자들도 하나둘 적치장으로 올라와 '쫓겨나고 버려진 강'인 모래를 향해 셔터를 누른다. 군인들이 있고, 총이 있고, 다 사라져가는 강이 있고, 이 모든 것들의 결과인 사막이 있다. 태극기가 사막 위에서 휘날리고 있다.

이 공사 장면의 핵심은 오직 물과 모래만 존재한다는 것이다.

공사를 진행하는 사람들에게 그것 말고는 보이지 않는다.

직접 준설을 하면서 강을 보호하는 어떤 장비도 없다.

무법과 탈법이 이 공사의 키워드다.

가서 보지 못한 이들은 거짓을 늘 접한다.

청강부대 숙영지 위로 태극기만 보인다.

준설토를 부대 담장으로 사용하나 보다. 이런 '눈 가리고 아웅'하는 공사장은 전국에 널려 있다.

저곳에서 일하는 청년 병사는

"아버지, 저 국방의 의무를 다하고 있습니다"라고 이야기할 수 있을까?

사실 부모가 부끄러워해야 할 일이다.

이 '청강부대'라는 회사는 고약하게도 국방의 의무를 다하기 위해

복무 중인 병사들을 빼내 노임도 주지 않고 공사를 강행하고 있다.

게다가 군사보호지역이라는 말도 안 되는 소리를 해가며 출입과 촬영을 금하고 있다.

이곳에 보호해야 할 군사 정보는 무엇일까?

회룡포를 찾은 미국 환경계획계의 석학 랜돌프 헤스터 교수는

강물 속의 금빛 모래를 집었다 놨다 하며 자리를 뜨지 못했다.

몇몇 학자들은 세계문화유산에 등재해야 하는 강이라고 입을 모은다.

수몰예정지인 강물을 따라 반나절 걸어본 사람들은 깊고 소박한 아름다움에 흠뻑 물들어 돌아간다.

지금 내성천은 이 땅의 사람들에게 채 알려지기도 전에 서서히 죽어가고 있다.

　지율 스님이 각별한 애정을 지니고 있는 낙동강 상류 내성천으로 향하고 있다. 청강부대에서 10킬로미터 떨어진 상류다. 내성천을 따라 계속 올라가면 회룡포다. 이 땅의 가장 아름다운 마을 중 하나인 회룡포는 관광지화 되고 있다. 벌써 펜션이 들어서고 주차장을 조성하고 있다고 한다.

　내성천이 모습을 드러낸다. 우리나라에서 보기 힘든 자연생태하천이다. 스님은 '안동천이나 다른 곳도 모두 예쁘지만 내성천만 하지 않다'고 말한다.

　　"안동천 물은 안동댐 때문에 물이 그렇게 맑지는 않아요. 내성천은 물이 투명하게 느껴지잖아요. 내성천은 낙동강과 섞이면서 낙동강 물을 정화하는 역할을 해요."

　모래사장을 지나 내성천으로 걸어간다. 상류에 이렇게 드넓은 모래사장이 있는 곳은 세계적으로 드물다고 한다. 신발을 벗고 강물 속으로 들어간다. 내성천에서 비로소 물고기들을 만난다. 새끼손가락만한 송사리들이 헤엄치고 있다. 맑은 물을 보며 사람들이 연방 감탄사를 내뱉는다. 지율 스님도 강을 거닐며 처음으로 천진난만하게 웃고 있다.

　내성천의 아름다움은 맑은 물과 가을날 서걱대는 갈대밭, 해질 무렵의 해넘이 풍경에 있다. 오늘은 강에 번지는 노을을 볼 수 없다.

　내성천에서 차를 타고 숙소로 향한다. 버스 안에서 지율 스님이 당부하듯 말한다.

"앞서서 했던 사람들은 끝까지 해줘야 돼요. 환경문제는 10년 이상 모니터링하고, 실질적으로 자료가 나오지 않으면 선례가 안 생기잖아요. 새만금 하다 끝나면 뭐하고, 또 뭐하고, 이렇게 해선 안 됩니다. 우리가 제기한 문제들이 결론이 어떻게 나오는가에 대해 조사하고 책임을 져야 해요."

스님은 낙동강 상류가 보호되면 4대강 사업으로 강이 파괴되어도 20년 가량 지나면 자연적으로 치유될 것이라고 믿고 있다. 아무리 강을 준설해도 물은 결국 자기 자리로 돌아가기 때문에.

"다만 그 안에서 살던 생명들은 백 년 안에 다시 돌아오지 못해요. 잃어버리는 이 순간을 안타까워하고 기록하는 일이 중요합니다. 어떤 힘들이 가했던 폭력에 대해 기억하고 후손들에게 알려줘야 하고, 또 이것을 지키는 다른 힘들을 만들어 나가야 해요."

저녁식사를 마치고 숙소에 짐을 푼다. 숙소 마당에 숭어 양식장이 있다. 항생제로 자라는 숭어 떼가 가득하다. 출근길 지하철 안에서 사람들 사이에 끼어 화난 표정으로 부대끼는 이들처럼, 비좁은 수조에서 숭어들은 서로 몸을 부딪치며 퍼덕거린다. 낙동강에서 볼 수 없는 숭어였다.

해질녘 내성천이 붉게 물든다.

낙동강 가운데 포클레인이 들어오지 않은 흔치않은 낙동강의 줄기다.

이곳을 보호하지 못한다면 우리 강을 복원할 '종'을 잃게 될 것이다.

그래서 지율 스님은 상주를 떠나지 못한다.

비포 앤 애프터

다음날 아침. 낙동강 상류를 향해 달린다. 우리를 따라온 듯 옆에서 안동천이 함께 달리고 있다. 강을 따라 길이 있고, 길을 보며 강이 흐른다.

지율 스님의 '비포 앤 애프터'를 통해 익숙한 구담습지로 가고 있다. 차창 밖 논배미마다 강바닥에서 퍼낸 모래가 쌓여 있다. 모래무덤을 보던 스님이 말을 잇지 못하고 한숨을 내쉰다.

"현장에 가까이 오니까 얘기를 못하겠네요. 진짜 우리가 역사의 현장에 서 있어요. 김종철 선생님도 그렇고 저도 그렇고 나라를 뺏기는 것보다 더 억울하고. 물론 비유입니다. 나라를 빼앗길 때 우리가 어떤 행동을 해야 하냐는 거죠."

강에서 퍼낸 모래는 농지에 복토하고 있다. 정부는 농민들에게 2년치 농사 수익금에 대해 보상하고 있다. 하지만 복토한 흙이 다시 농토가 되는 데에는 몇 해가 더 지나야 한다. 스님이 길에서 만난 농부에게 질문한 적이 있다.

"앞으로 농사 못 지으면 어떻게 살려고요?"

농부가 대답했다.

"논에 있는 모래를 팔고 살면 되죠."

스님은 할 말을 잃었다.

"오랫동안 퇴적돼서 돌 하나 없는 땅들이에요. 진토라고 하죠. 근데 강에서 퍼올린 모래들은 3분의 1은 돌이에요. 농사지을 수 있을까 싶어요. 특히 유기농하는 분들은 더 걱정되는 게 모래땅에는 영양분이 없어요. 저렇게 모래를 5미터 이상 올리면 물이 얼마나 잘 빠집니까?"

구담습지를 둘러본 후 하회마을을 향해 가고 있다. 버스에서 바라보는 강변엔 나무를 베어낸 곳마다 초지가 들어서 있다. 일행은 하회마을 전체를 조망할 수 있는 부용대로 향한다. 하회마을의 아름다움은 한 바퀴 마을을 돌며 흐르는 물길이 으뜸이다. 물 하(河), 돌 회(回). 강이 한 바퀴 돌아가는 마을. 그래서 물도리동이라고도 부른다. 부용대에 올라 하회마을을

하회마을이 보이는 부용대에서 연인이 사진을 찍는다.

그 너머로 모래톱이 유유히 마을을 휘돈다. 하지만 이곳도 공사 구간이다.

세계문화유산으로 지정된 이 마을의 풍치를 훼손하기에 잠시 멈추었을 뿐이다.

세계문화유산 지정을 받기 위해 기를 쓰다가 종국에는 그 유산을 훼손하고 마는

이런 후진국적인 개발을 언제까지 하려 하는 것일까?

부용대에서 바라본 하회마을. 이제 전국을 통틀어 몇 안 되는 한국의 전통마을이다.

그래서 세계문화유산으로 등재되었을 것이다.

강이 있어 마을이 마을다운 이곳을 강과 분리시키려 한다.

인간의 삶이 자연과 분리된 것이 어제 오늘이 아닌데 무슨 상관이냐는 사람들이 있다.

그들의 부박한 세계관이 오늘 한국의 모습이다.

내려다본다. 64미터 높이의 깎아지른 절벽 아래로 강이 있고, 모래사장이 있고, 소나무 숲이 군락을 이루고 있고, 마을이 있다. 한 장의 엽서 같다. 강은 햇빛을 은빛으로 반사한다. 강변에서 여행객들이 물놀이하고 있다. 아이들은 강아지 두 마리와 함께 모래사장을 뛰놀고 있다. 수심이 얕은 이곳도 강바닥을 준설하고 배를 띄울 예정이다.

하회마을 앞에 설치하려 했던 3미터 높이의 하회보는 환경단체와 주민들의 반발로 백지화되었다. 그리고 2010년 8월 1일 하회마을은 10년에 걸친 노력 끝에 세계문화유산으로 지정되었다. 하회보 건설을 무산시키지 않았으면 지정되기 어려웠을 것이다. 하지만 현재 하회마을 주변에서 준설 작업을 하고 있고 자전거 도로를 만들 예정이다. 하회 마을 상류엔 영주댐이 건설되고, 하류엔 구담보가 들어선다. 그 영향으로 모래 유출량이 줄어들어, 넓은 모래톱은 사라질 것이다. 스님은 '이런 모습은 앞으로 전설이 될 것'이라며 사진을 찍어둘 것을 요청한다.

부용대 아래 나룻배 한 척이 고즈넉하게 강물 위에 떠 있다. 마을과 부용대 사이를 오가는 배이다. 스님은 이곳으로 오는 길에서 나룻배에 모터엔진을 달았다는 소식을 들었다. 그동안 삿대로 강바닥을 밀며 오가던 배다. 무척 서운한 눈치다.

"저 엔진보트는 타고 싶지 않네요. 관광보트나 저런 것들을 위해 4대강 사업을 하고 있기 때문예요. 하회마을은 민속마을인데 안에는 거의 민박집과 상가예요. 집집마다 마당에 자판기가 있고. 들어가면 실망을 많이 하게 됩니다. 작년에 많이 놀란 것 중 하나가, 저곳이 비경인데 그 비경 앞에 저렇게 주차장을 만들었어요. 우리

하회마을 앞 낙동강은 그 깊이와 모래에 따라 다른 빛을 내보인다.

가끔 굉음을 내는 저 모터 달린 나룻배만 아니라면 이 산골의 고요함은 한없이 느리게 갈 것이다.

과연 이 풍경은 지켜질까?

세계문화유산으로 지정된 경북 안동시 하회마을 주변 4대강 사업(낙동강살리기 38공구)은

병산서원에서 하회마을까지 낙동강 본류 9킬로미터 구간을 폭 300미터, 깊이 1미터 정도로 준설,

390만 세제곱미터의 모래와 흙을 채취, 인근 풍천 지역 농지를 리모델링하는 공사다.

뭐가 리모델링이라는 것인지 내게도 알려줬으면 좋겠다.

가 자연을 바라보는 시각을 이 마을을 보면 알 수 있을 것 같아요."

편리를 위해 경치를 포기한 걸까? 아름다운 경치를 보는 눈을 잃어버렸기 때문일까?

이 지역 주민들 말에 따르면, 안동댐을 건설하기 전엔 어제 본 내성천보다 이곳의 수량이 훨씬 더 풍부한 곳이었다고 한다.

"어제 상주도 그렇고, 낙동강 전 구간이 위에서 보면 물밑의 모래와 물고기들이 이만큼의 거리에서는 다 보였어요. 이렇게 물이 빙 돌 때 어느 한쪽으로 물길이 바뀌면서 물이 쏠려가요. 올해는 이쪽이 모래고, 내년엔 건너편이 모래고. 모래가 한 방향으로만 가는 게 아니에요. 그리고 이렇게 물이 빙 돌아가는 마을들은 물난리가 없어요. 물이 가까워도 수몰이 안 됩니다. 하회도 그렇고, 회룡포도 그렇고, 경천대도 그렇고 물이 도는 마을들은 홍수가 없죠. 그러니까 이렇게 오래된 마을과 집들이 태풍이 와도 피해를 안 입고 계속 유지가 됐죠. 자연스런 물의 흐름을 존중하면 직강하천일 때보다 홍수 위험이 적어요."

병산서원 가는 길, 답사 일행인 최김경호 씨가 마이크를 잡는다.

"제가 학부 때 건축과를 다녔는데 한국 건축물에서 제일 좋아하는 곳이 병산서원입니다. 중국은 산과 호수를 파서 건물을 만들

고, 일본은 그걸 축소해서 모형처럼 두는데, 한국은 차경(借景)이라고
해서 경치를 빌려옵니다. 만대루에 앉으시면 낙동강이 건물 안에 들어
와 있는 것 같은 풍성한 기운을 느끼실 텐데요. 건물 자체로 아름답기
도 하지만 자연과 어떻게 어우러지는지 살펴보시기 바랍니다."

지율 스님은 병산서원의 건물도 아름답지만 백미는 물길이라고 말한다.
길옆으로 보이는 너른 들녘은 '풍산들'이다. 예전엔 낙동강물이 이곳까지
들어왔다. 광활한 이 들녘 역시 준설토 적치장이다.

아담,
너는 어디에 있었느냐?

몇 해 전 겨울, 생사를 넘나드는 단식 끝에 스님은 안동을 찾아왔다. 어느 환경운동가가 스님을 등에 업고 풍산에 다다랐다. 그날 본 '풍산들'과 안동 천의 아름다운 풍경이 잊히지 않았다. 스님은 바로 이 아름다운 들녘 때문에 거리로 나서야겠다고 다짐했다. 스님은 풍산들이 홍수터였다고 말한다.

"강 주변의 들을 잘 보는 게 중요합니다. 이 강에서 저 들녘 끝까지 물이 찼을 때를 생각해보세요. 이런 홍수터가 없어져서 범람이 계속됐어요."

들녘이 한눈에 보이는 풍산습지 앞에 다다라 차에서 내린다. 풍산습지 는 제방을 쌓기 전 많은 새들과 수달, 원앙이 찾던 숲이었다. 스님이 이 근

풍산습지의 모습이다. 제대로 습지의 모습을 간직하고 있다.

이곳에 살고 있는 숱한 생명들을 어찌 나열할 수 있을까?

하지만 이곳에 사는 생명들도 서열화하고 그 가치에 따라 보존할 것인가를 인간이 정한다.

보호종에도 못 낀다면 사라진다고 해도 누구도 아쉬워하지 않을 것이다.

처에서 만난 수달을 찍은 영상이 방송국 뉴스에 보도된 적이 있다. 영상에서 수달은 무엇엔가 쫓기듯 모래사장을 힘껏 달리고 있었다.

낙동강이 긴 세월 흙을 쌓아 만든 광활한 곡창지대 풍산들은 강에서 파낸 모래로 채워질 것이다. 한때 바다 같았던 들녘을 상상하며 스님이 말한다.

"하회마을의 양반들을 먹여 살린 들이에요. 하회마을에서 본 초가집들은 여기서 농사를 짓는 노비들의 집이었어요. 여기 사는 어느 분은 이 들녘이 세상에서 가장 넓은 들인 줄 알고 살았대요. '비가 오면 저 산 끝까지 물이 차서 마치 바다와 같았다'고 얘기하시더라고요. 끝도 없습니다.
저 숲속에 있는 것들은 거의 다 야생동식물입니다. 조사가 한 번도 안 돼 있고요. 습지는 생태계의 자궁이다. 살아있는 유전자 박물관이다. 이런 얘길 많이 해요. 습지가 다른 곳보다 생물 다양성이 훨씬 더 많아요. 그동안 제가 강을 다니면서 깨달은 건 알려진 곳보다 알려지지 않은 곳이 더 아름답다는 거예요."

4대강 사업을 통해 낙동강 습지의 3분의 1가량이 사라진다. 남은 습지도 강바닥 준설이 야기한 침식으로 서서히 사라질 것이라고 전문가들은 우려하고 있다. 장세명 씨가 한동안 습지를 바라보다 말을 이어받는다.

"조그만 강들은 다 습지라고 생각하면 됩니다. 습지를 없앤다는 건 자연이 준 정수기를 파괴하는 겁니다. 그걸 인위적으로 깨끗하게 하려면 많은 비용을 지불해야 합니다. 한국에 홍수가 많이 나는 원인 중 하나는 습지가 없어지기 때문입니다. 물이 지상으로 떨어지면 숲이나 이런 습지에서 일정 부분 보관하고 조금씩 흘려보내면서 홍수를 예방하는 건데, 그게 다 파괴되면서 물이 강으로 다 쏠리는 거죠."

언젠가 안동댐에서 대량의 물을 방류한 적이 있다. 그때 많은 물들이 이곳에 잠겼다. 홍수터인 풍산들이 잠기지 않았으면 물은 낙동강으로 흘러갔을 것이다. 강을 직강화하고 댐을 건설하고 숲과 논이 사라지면 홍수 위험이 커지게 된다.

다시 길 위에 오른다. 길은 매우 좁다. 버스는 조심스레 언덕을 넘고 산길을 헤쳐 나아간다. 널리 알려진 유적지 가는 길치곤 보기 드문 구불구불한 신작로다. 이 길이 흙길인 것은 마을 주민들이 풍광을 해친다는 이유로 아스팔트를 깔지 못하게 했기 때문이란다.

버스 밖으로 죽은 나무들이 쌓여 있다. 지난해엔 톱을 이용해 나무를 베었지만 지금은 포클레인으로 나무를 밀어내는 방식으로 없애고 있다.

공사구역을 표시한 빨간 깃대가 일직선으로 꽂혀 있다. 저 깃대가 꽂힌 곳이 강이다. 얼마 전 강을 잃는 것을 속상해한 지역 주민들이 깃대를 뽑아내기도 했다고 한다.

2010년 3월, 스님이 이곳에 왔을 때 건설사에서 제방을 쌓고 있었다. 그때 주민들은 제방을 쌓는 이유를 '모른다'고 대답했다. 지역 주민들도 모르게 공사는 진행됐다.

스님이 만난 서원 앞 식당 주인의 말에 의하면, 예전엔 이 벼랑길에서 매년 추락 사고가 있었다. 하지만 사람이 다친 적은 없었다. 사고가 날 때마다 나무들이 받쳐주었다. 많은 사람들의 목숨을 살린 나무들이 사라지고 있다.

스님이 길 왼편의 강변을 바라본다. 강이 아니라 공사장이다.

"보니까 기분이 안 좋죠? 저는 굉장히 기분이 안 좋습니다."

병산서원에 도착해 서원 앞을 흐르는 강을 향해 걷는다. 이곳에도 드넓은 모래사장이 펼쳐져 있다. 병산이라는 이름은 앞산이 병풍처럼 드리워 있는 모습에서 얻게 된 이름이다. 강 너머 병산의 산세가 가파르다. 산은 병풍을 치고 외부의 침입자들로부터 강을 지키고 서 있는 듯하다. 가을날 나뭇잎이 떨어진 후라야 병풍 같은 절벽이 드러난다. 스님은 그 풍경을 봐야 진짜라고 강조한다.

병산서원 앞에서 점심을 먹고 마지막 답사 장소인 마애습지로 향한다. 길옆으로 다시 풍산 들녘이 푸르게 차창을 물들인다. 길가에 노란 개망초가 무성하게 피어 있다. 스님이 개망초가 많은 이유를 설명한다.

"저 개망초가 을사조약 때 들어왔다고 그래요. 농사를 짓지 않는 황폐한 곳에 제일 먼저 들어오는 꽃입니다. 망초. 즉 나라를 망하게 하는 꽃이라고 얘길 하는데 지금 전국에 저 꽃들이 많이 들어왔어요."

가도 가도 끝이 없는 들, 풍산들녘을 달리고 있다. 길옆을 함께 달리는 강이 길 안내를 하고 있다. 낙동강은 '강의 죽음'이라는 주제로 열리는 전시관

병산서원에서 낙동강을 본다.

옛 선비들이 쌀가마 꽤 지고 와야 볼 수 있었던 풍경을 거저 보는 것도

참으로 감개무량하지만, 이곳을 손대지 못해 안달하는 권력을

가소롭게 볼 수 있는 호연지기를 기를 수 있어 좋다.

이다. 마애유적지에 도착한다. 이곳은 골프장이 들어설 예정이다.

　마애교 아래 모래섬에 수달 발자국이 보인다. 물고기들이 많은 곳이 었음을 알게 해준다. 지금은 고개를 숙여 관찰해도 물고기 한 마리 볼 수 없다. '물'고기 없는 '물'은 상류의 공사로 탁하다. 공사를 하기 전엔 많은 낚시꾼들이 마애교에 줄지어 앉아 낚싯대를 드리웠다.

　다리를 다 건널 즈음, 눈앞에 부처님 한 분이 앉아 계신다. 통일신 라시대 유물인 마애동 석조비로자나불 좌상이다. 결가부좌한 돌부처 는 파헤쳐지는 낙동강을 입술을 굳게 다물고 바라보고 있다.

　1박 2일의 일정을 마치고 버스에 올라 풍산 면소재지로 향한다. 지율 스님과 헤어질 시간이다. 면소재지에 도착하자 스님이 이별의 말을 건 넨다.

　"제가 기억하는 책 제목이 있어요. 《아담, 너는 어디에 있었느냐》 (하인리히 뵐)라는 책입니다. 제2차 세계대전, 전쟁의 포화 속에서 너 는 어디에 있었느냐 하고 묻는 내용인데요. 천성산 문제 때도 그 렇고 지금도 그렇고 저 자신한테 계속 묻는 질문 중에 하나는 지 금 너는 어디에 있느냐는 겁니다. 제가 있어야 할 곳에 있었으면 좋겠다는 생각을 하고 그것이 아픔의 땅이어서 한편으로는 감사 하게 생각을 해요."

　차에서 내려 멀어지는 스님의 뒷모습을 바라본다. 버스가 움직이면 서 뒷모습이 서서히 작아진다.

병산서원에서 찍은 꽃이 있는 풍경이다.
강 옆에 산이 있고 구름이 있고 꽃이 있다.
모든 것이 조화다.
따로 떨어져 있는 것이 아니라
모두 모여서 처음부터 그런 것처럼
조화를 이룬다.
강이 홀로 모습을 바꾼다면
나머지는 어찌 보일까?

농부 논객 김진창

입이 없는
농민들

영주를 향해 출발하기 전 나는 천경배 신부에게 몇 명의 농부를 소개받았다. 갑작스런 방문인 데다 추수철이라 농민들과 약속을 잡기 쉽지 않았다. 영주터미널에 도착하자 부석중학교 교사 박세원 씨가 마중 나온다. 그가 몇 군데 전화를 돌리더니 운전대를 이산면으로 돌린다.

영주댐 건설로 인한 수몰지는 이산면과 평은면에 걸쳐 있다. 김진창 씨는 이산면 석포리에 살고 있다. 석포리에 도착해 어두워진 마을길을 걷고 있을 때 콤바인 소리가 들려온다. 수확을 마친 김진창 씨가 우리를 반긴다.

농지 옆 길 위엔 나락을 실어갈 트럭 한 대가 주차해 있다. 트럭에서 비추는 헤드라이트 불빛을 이용해 주민 서너 분이 삼겹살을 굽고 있다. 버너 옆엔 소주가 놓여 있다. 버너 위에 구워지는 삼겹살을 나무젓가락으로 건져

올리며 이야기를 나눴다. 수확 중인 쌀 가격이 궁금하다.

"우리가 팔라 하믄 12만 원 정도야. 여기 들어간 일당 계산하모는 쌀 값이 너무너무 험한 거지. 농사지가꼬, 저 비싼 기계 갖다 베가꼬, 털 어가꼬, 내가꼬 팔아봐야 80키로 한 가마가 하루 일당밖에 안 되는 기라."

주재동 씨가 40년 전엔 50일을 일해야 한 가마니의 쌀을 받을 수 있었다 고 말한다. 쌀의 가치가 그만큼 하락한 것이다. 그럼 주재동 씨가 올해 여 덟 마지기(영주에서 한 마지기는 300평) 농사로 번 소득은 얼마나 될까?

"논 여덟 마지기 가지고 농협에서 찾는데 320만 원 찾더라고. 적자예 요. 그 돈 받고 나오는데, 서글픈 기라요."

올해 가을 날씨가 나빠 수확이 크게 줄어들었다. 김진창 씨가 체머리를 흔든다.

"쌀을 얼매나 천대를 했으믄 나락이 안 나와요. 나락이 안 나와."

농사가 좋지 않아 생계가 막막한 데다 댐 건설 문제로 동네 사람들이 모 이면 한숨이 볏단보다 높게 쌓인다. 김진창 씨는 댐이 건설되면 농민들만 피해를 받는 게 아니라고 말한다.

"가령 고추가 정상적인 날씨에 50일이면 착과를 해가지고 빨개지는데, 안개가 마이 차고 햇빛을 덜 보믄 55일이고 60일이고 걸랜다 하면은 수기가 늦어지잖애요. 그죠? 수기가 늦어지면 수확량이 대번 차이가 날 게 아이래요. 글고 습도가 높으믄 병이 마이 와. 병이 마이 오믄 농약 더 쳐야죠? 그거 누가 먹어요? 도시 사람들이 농약 먹죠."

영주댐 건설에 대해 마을 농민들이 어떤 대응을 하고 있는지 여쭈었다.

"'박통' 때는 피해가 올지를 몰랐어. 댐을 하자고 해도 뭐하는지도 모르고 넘어갔는데 지금은 안다 이기라. 알아도 말을 몬하는 기라. 말할 힘이 없는 기라. 나이가 많으니까."

댐 건설의 의도와 목적, 그 때문에 농민들이 입을 피해를 잘 알게 되었지만 농촌 고령화로 인해 이제는 나서 싸울 힘이 없다. 입이 있어도 열리지 않는 것이다.

김진창 씨는 이 동네에서 이장 다음으로 나이가 젊다. 그는 영주시청 자유게시판에 4대강 사업과 영주댐 건설에 관한 글을 지속적으로 올리고 있다. 그에게 4대강 사업을 묻는다.

"진짜로 좋은 거면 왜 강을 네 개나 하노 이기라. 한 개 강만 해보라 이기라. 그거 당장 안 한다고 어디 난리 나는 게 아니잖아요? 그죠? 진짜로 그렇게 좋다면은 한 개만 해보고 나면, 사람들이 아이고 우리 강도 해달라꼬 막 난리 날 게 아이래요? 지금은 국비 백 프로로 한다 해도 싫어하는 거를 적극 한다믄 이유가 뭐래요? 거는 누가 계산해도 뻔한 게라. 대한민국에서 들어먹다 들어먹다 들어먹을 게 없으이까에, 이제 강을 건드린다는 핑계로 들어먹는단 얘기지."

나는 청계천 사업으로 대통령이 인기를 끌면서 천 하나에 만족 못하게 된 것 같다고 말했다.

"청계천 쪼매난 거 한 개 살렸다꼬 공갈 쳐노코는 온 강을 다 뒤지고 말이 안 되는 얘기거든요. 단군 이래 최대 토목 사업을 왜 자기 임기 안에서 해야 되느냐 이 말이래요. 우리가 말리다가 못 말리는 한이 있어도 후세에 우리가 말리다 치았다는 얘기라도 들어야 된다 이 말이라."

내가 김진창 씨를 만나고 싶었던 것은 영주시청 게시판에 그가 쓴 글이 예사롭지 않다는 얘기를 들은 이후였다. 생전 글을 써 본 적 없다는 그가 어떻게 펜을 들게 되었을까?

"젊은 애들 열 명이라도 있으믄 데모하러 가자고 머리띠라도 매는데 노인들 델꼬 뭘 하는교? 수자원공사 아덜 대가리 하나 뚜드려 깼다고 해가지고 댐이 안 될 거 같으면은 대번 망치 들고 가서 때리고 치아 부리지. 나름 내 혼자라도 할 수 있는 기를 연구했는 거지요. 명박이 욕까지 해가믄서 이판사판이다 그렇게 막 꽂아 부렀지요."

대통령을 욕했다는 말에 나는 겁나지 않으시냐고 여쭈었다.

"쥐새끼라꼬 해버렸어."

"쥐새끼라고도 했어요?"

"뭐 하자 있어? 세게 해부렀지. 더 심하게 써야 된다이까. 영창을 갈려고 싸워야 되재 영창을 안 갈라고 싸우는교? 싸울라믄 그래 싸워야재."

농부 김진창의 날선 비판은 이제 시작일 뿐이었다. 우리는 그의 집으로 자리를 옮겨 댐 건설을 둘러싸고 지난 10년 영주 지역에 무슨 기막힌 일들이 벌어졌는지 이야기를 듣기 시작했다.

내성천과 나는
둘이 아니다

그는 소리꾼 같았다. 나는 풍자와 해학이 넘치는 그의 말을 받아 적기 바빴다. 때론 '아니리'로, 때론 '휘모리장단'에 신명을 실어 우리 시대 비겁과 파렴치를 날 것 그대로 드러냈다. 그가 세상을 보는 지혜와 통찰력에 나는 놀랐다. 지혜로운 이들은 이렇게 자신을 감추고 세상 곳곳에 숨어 있다. 박세원 선생과 나는 새벽 세 시가 넘을 때까지 그의 소리에 추임새를 넣었다.

도로변의 술자리를 파하고 그의 집을 향해 걸어간다. 김진창 씨 집 입구 내성천 제방 위에서 오줌을 눈다. 오줌 줄기를 바라보고 있을 때 그가 마을을 소개한다. 석포리의 한자는 돌 석(石), 포구 포(浦)라고 한다. 400년 전에는 이곳까지 나룻배가 올라왔단다. 동네엔 뱃정지라는 명칭을 지닌 장소가 남아 있다.

그의 집 마당엔 트랙터, 콤바인 등 여러 대의 농기계가 있다. 그는 마을에서 뛰어난 트랙터 기술자로 알려져 있다. 말 그대로 뼈 빠지게 농사지어도 1년에 3,000평 농지에서 벌어들이는 순수익은 200만 원 정도. 도시 회사원 한 달 월급과 비슷한 액수다. 이런 현실에서 다른 살길을 모색해 농기계를 다루게 된 것이다. 농기계의 달인에게 비결을 묻는다.

"기계를 조작할 때 기계하고 내하고 한 몸이 되는 거지. 기계하고 내하고 말을 하믄서 이래 하지."

방에 들어서자 그가 책 한 권을 건네준다. 이 책은 김진창 씨가 2009년 8월부터 영주시청 게시판에 쓴 글을 모아 박세원 선생 부부가 인쇄소에서 제본한 것이다. 박세원 선생은 시청 게시판에서 그의 글을 보고 심상치 않은 느낌을 받았다. 글에는 촌철살인이 있었다. 에둘러 말하지 않는 직설 화법에는 농부의 정직한 힘이 실려 있었다. 시간이 흐르며 시민들의 호응과 댓글이 열렬했다. 실제 댐 반대 여론을 만드는 데 김진창 씨가 적잖은 힘이 되었다고 한다.

나는 김진창 씨의 책을 들춰보았다. 그에게 글이 좋다고 얘기하자 "놀래 키지 말라"며 손사래를 친다. 서울로 돌아오는 기차 안에서 읽은 그의 글엔 시장에 떠도는 여느 책들보다 호소력과 생명력이 있었다. 농부의 삶과 몸이 하나하나의 문장 속에 배어들어 있었다. 그의 글은 미사여구도 꾸밈도 없었다. 그가 쓴 몇 편의 시도 인상적이었다. 그에게 내성천은 무서운 수해를 주는 강이면서, 놀이터이기도 했다. 내성천에서 소를 끌고 나가 풀을 먹이고 마을 동무들과 함께 수영을 하고 물고기를 잡았다. 내성천에 관해 그가

얕은 모래강에 누워 둥둥 떠다니는 구름을 보며 물결 따라 흐르는 것을 즐기는 아이,

물고기는 안 잡혀도 신나서 이리저리 뛰어다니는 아이,

엄마랑 모래성을 쌓다가 불쑥 모래를 뚫고 올라온 작은 물고기에 놀라 환호하는 아이,

해지는 줄 모르고 물장구치며 노는 아이.

모래강은 아이들의 천국이다.

쓴 글은 한 편의 시다.

난 내성천 물을 먹고 자랐으며,

내성천 물고기를 잡아먹고,

내성천 개구리를 구워먹고,

내성천은 나의 수영장이며 목욕탕이고,

씨름장이었으며,

가슴 설레는 밀회의 장소이었기에

내성천과 나는 둘이 아니다.

김진창과 내성천은 분명 둘이 아니었다. 전국에서 가장 아름다운 하천으로 손꼽히는 내성천에 대해 그는, 어린 시절 본 강은 지금은 상상할 수도 없을 만큼 아름다웠다고 회상한다.

"내성천이 억수로 바꼈거든요. 물이 흘러가다 여기저기 동그란 섬을 마이 만들었는데, 그게 물 흐름에 방해된다꼬 와가지고 포클레인으로 묻어 뿌고 이래 뿌이까에. 지금은 옛날 모습과는 180도 달래졌는데 도시 사람들이 와가지고 뭐 원시적인 모습이니 이래는데 우리가 볼 땐 아이라."

제방도 지금처럼 반듯하게 정리된 모습이 아니었다. 제방 위엔 버드나무가 제멋대로 우거져 자연 그대로의 아름다움이 있었다. 마을에서 심은 미루나무는 성냥공장에서 성냥의 재료로 쓰였다고 한다. 언제부턴가 강폭이 넓어지고 제방을 콘크리트로 덮었다.

영주가 고향인 르포 작가 안미선은 《녹색평론》에 발표한 글 〈아리랑 강물소리에 손대지 마라〉에서 김진창 씨의 말을 받아 적었다. 작가와 대화를 나누던 그는 갑자기 말을 끊고 눈물을 흘렸다.

농작물 피해며 농민이 다 죽게 생겼다는 말에는 울지 않던 그가 '내성천이 없어진다'는 생각에 그만 줄줄 눈물을 흘리고 만다. 강이 사라지는 것이 내 몸이 사라지는 것처럼 아픈 것이다. "그만합시다." 그는 목이 잠겼다. "겪지 않으면 알지 못해요." '내 몸을 준 강'이라는 토박이들의 눈물에는 강의 죽음을 받아들일 수 없는 심리적 저항이 완강히 있었다. 자신이 살아야 하는 것처럼 당연히 강도 살아있어야 하는 것이었다.

내가 그 내용을 떠올리자 어룽거리는 눈동자로 대답한다.

"내성천 얘기를 신나게 하고 있는데 댐이 되가꼬 챈다 하이까예. 없어진다 하이까예. 인제 또 감정이 그런 쪽으로 돌아가 뿌이까예. 시발 새끼들 막 욕을 하다가 갑자기 그래 뿌이까예. 내성천이 나를 키아줬는데 저놈들이 내성천을 없애고 있는데 내가 내성천을 위해 해야 될 게 있단 얘기죠. 내가 똥도 누고, 그 똥오줌을 다 받아줬거든예."

영주 지역은 10년 전에도 댐 건설 계획으로 한 차례 홍역을 앓았다. 당시 댐 이름은 송리원댐이었다. 현재 댐 이름은 영주댐이다. 김진창 씨가 댐과 냇은 인연은 이때가 시작이었다. 당시 마흔 살이었던 그는 댐 건설이 농사

영주댐의 목적은 낙동강에 하천유지 용수를 공급하는 일이다.

정부 주장대로라면 4대강 사업 종료 시 맑은 물을 충분히 확보하게 될 낙동강에

지천인 내성천의 강물을 그냥 흘려보내는 것이 가장 큰 사업목적이다.

세계적으로 드문 모래강이 훼손되고 대대로 살아온 고향산천을 가슴에 묻고 떠나야 하는 주민들,

그리고 막대한 국민 세금이 쓰인다는 점을 생각하면 이 댐 공사는 지금이라도 중단되어야 한다.

1999년 한나라당 지역구 의원 세 명은 당시 댐 건설 취소를 촉구하는 성명서를 발표한 바 있다.

에 어떤 피해를 주는지도 몰랐다. 그가 사는 이산면이 수몰지로 지정되었고 반대 투쟁을 하는 과정에서 하나씩 알게 되었다. 댐 반대 투쟁은 영주가 아닌 상류의 인접 피해 지역 봉화에서 먼저 타올랐다.

"여기 주민들은 대부분 마 댐 차믄 이제 난 어디로 가 산다. 그라고 보상비 계산만 있었지예. 왜 그래 생각하나 하믄 국책사업으로 떨어져불믄 이길 방법이 없단 얘기지예. 그런데 봉화 사람들은 안개만 몰려온단 얘기야."

그런 상황에서 시의회에서 반대 투쟁에 앞장섰다.

"10년 전에는 주민들이 반대할 생각이 전혀 없었어요. 뭔동 모르니까 반대할 생각이 없었는데 시의회에서 반대를 하믄성 시장 반대하고 막 국회의원 반대 착 해제끼는 기라."

그도 보상비에 대한 고민이 앞서 있었다.

"댕겨보믄 별 게 다 있어요. 평가하러 온 놈들을 술 마이 담아줘야 보상가가 높아진다느니 나무를 마이 심어야 된다느니 별 소리가 다 나와야."

마을엔 1993년 임하댐이 건설된 후 수몰민이 되어 이주해 온 주민들이 있었다. 그들의 고단한 삶을 지켜본 그로서는 보상비를 많이 받는 게 중요하지 않다는 것을 깨달았다.

"요 와서 제대로 살 수 있는교? 여기는요. 저가 사백 몇 십 년을 살았
어요. 제가 나이가 그렇다는 게 아이고 우리 조상이 터를 잡고 그렇게
된다는 얘기래요. 여긴 씨족사회래요. 타지 사람들이 돈을 10억을 가
져오든 20억을 가져오든 여 와서 행세하고 살 수 있는교? 이것저것 해
봐야 다 속는 거야. 텃세가 있어. 내가 여기서 쫓겨나서 다른 동네 가
면은 맹 똑같아진대는 얘기죠."

가까운 안동에서 댐이 건설된 후 농민들이 겪은 일들이 들려왔다. 댐 건
설 후 관절염 환자, 기관지염 환자가 많이 늘고 농사가 안 된다는 것이다.
댐 건설은 재앙을 부르는 일이었다. 그때 이산면의 시의원 강정구가 댐 반
대 위원회 위원장을 맡으면서 김진창 씨에게 사무국장을 맡아달라고 요청
했다. 그는 사무국장으로 2년 동안 투쟁에 앞장섰다.

"정치권이 움직이면 얼마나 힘이 큰지를 당시에 느꼈지예. 그때는 정부
가 전라도 정부잖아요. 그러니까 정치인들이 반대를 해도 아무 문제
가 없다고 생각하는 기라. 전라도 정부는 반대편이니까. 그래서 정치
인들이 앞장서서 선언한 거예요. 민이 뭉친 게 아이래요. 민은 첨엔 댐
에 대해서 몰랐어. 면장이며 이장이 같이 가서 뭐 하자 하니까 그냥 같
이 가서 한 거래요."

당시 시의회에서 집회하러 가는 주민들의 편의를 위해 버스 대절 비용 등

동원 비용을 제공했다.

"그때는 우리가 마 조깨도 백 개씩 맞차가꼬 조깨를 착 입고 모자를 빨간 걸로 쓰고 여 반대 딱 쓰고 막 이래 복장을 일률적으로 해뿌고 갔지예."

그로부터 10년. 주민들은 다시 댐이 건설될 일은 없을 거라 생각하고 평화롭게 지냈다. 그런데 4대강 사업과 함께 댐 건설이 다시 추진된 것이다. 그가 다짐하듯 말한다.

"그러고 나서 한 10여 년 지내고 나이도 들면서 생각을 해보이까에 댐이라는 건 절대 안 된다. 사람이 되고 안 되는 게 확고부동하게 생길 때는 목숨을 내놓고 뭘 해야 될 게 아인교? 이래도 될까 저래도 될까 같으면 치아뿌리야 되고, 이 길이 내 인생을 걸 수 있는 길이다라꼬 생각을 했을 때는 다 걸자 이기라. 걸었다믄 이판사판이다 이기라."

《한비자》에 보면 '나라가 망하는 열 가지 징조'가 있다. 그 중 하나를 김진창 씨가 알려주었다.

'군주가 누각이나 연못을 좋아하여 대형 토목공사를 일으켜 국고를 탕진하면 그 나라는 망할 것이다.'

서천의 구름을
서로 잡을라꼬

'송리원댐'은 '영주댐'으로 바뀌었고, 싸워야 할 대상인 정부는 여당인 한나라당의 정부로 바뀌었다. 정치인들은 정부와 중앙당의 눈치를 보고 관변단체들도 나서지 않았다. 후배들이 김진창 씨를 찾아와 주민대책위원회를 만들자며 논의했다.

> "관은 새마을 지도자회, 부녀회, 뭔 회, 뭔 회 해가지고 항상 준비가 돼 있거든. 이장협의회장한테 한 동네 다섯 명씩 모다 가지고 출동시켜야 되겠다, 그럼 금방 100명 200명 끌어 모여뿌는데 어찌 할 수가 없는 기라."

김진창 씨는 영주댐 건설 계획을 접하고 몇 곳에 의사를 타진했다. 그런데 10년 전과 반응이 완전 딴판이었다. 10년 전 위원장을 했던 시의원에게 전화를 걸었다.

"만내자고 전화를 하이까에 이게 다섯 번을 해도 만나주지를 않애요. 이 새끼가. 송리원댐 할 때 극구 결사반대라꼬 머리띠 매고 지랄하던 노무 새끼들이 다 내 몰래라야. 김대중이 정권에선 브레끼 좀 걸어라 하던 웃대가리들이 요번은 이명박이 잡고 있으니까에 잘못 보여노믄 지 공천도 못 받을 끼고 몸을 다 사리는 거야."

김진창 씨는 정치와 자본이 결탁한 토건업의 실체를 알고 있었다.

"정치인들은 사업이 크다란 게 움직여야만 지 주머니 떨어지는 기 있어요. 도로를 닦는다든가 뭘 한다 이래믄 막 와가지고 선물을 한 보따리 갖다주고 봉투에 돈을 갖다 주고 하는 놈이 생기지 않능교? 그래고 그 사업을 하는 과정에서 야 저거 좀 브레끼 걸어라 그래믄 브레끼 슬쩍 걸믄 또 갖다주는 게 정치 아인교? 공사가 여기 떨어지믄 국회의원이고 시장이고 저끼리 주물럭거리는 돈이 엄청나요. 실지로 들어가는 돈은 얼마 안 된다 얘기라. 그러니까에 자들 입장에서는 공사를 자꾸 만드는 게 좋은 거지."

'영주댐반대범시민연대'는 '전교조', '농민회' 등 시민단체들이 주도하고 있다. 평은면엔 '평은면수몰민대책위원회'와 '평은면댐반대대책위원회'가 있고, 이산면엔 '이산면수몰민대책위원회'와 '영주댐결사반대이산면투쟁위원회'가 있다. 각 면당 대책위원회가 두 곳이다. '수몰민대책위원회'는 댐 반대보다는 보상 문제를 중심으로 활동하고 있다고 한다.

김진창 씨가 사무국장으로 있는 '영주댐결사반대이산면투쟁위원회' 상황이 좋은 편은 아니다. 이산면에서 지역 유지들과 작목반장 등을 모아 '이산면 발전기획단'을 만들었는데 위원장이 이곳에 참여했다. '이산면 발전기획단'은 댐이 건설되는 것을 기정사실화하고 '발전기금'을 끌어오기 위한 단체다. 그는 위원장을 만났다.

> "만내가꼬 소주 한잔 머꼬 한바탕 싸웠어. 위원장직을 내놓고 그걸 하든지. 반대 위원장은 죽으나 사나 결사반댄데 고마 뭐 좀 더 다고 이래는 거 우리는 다 싫단 얘기라."

평당 20만 원, 30만 원의 보상비를 예상한 농민들의 기대는 여지없이 무너졌다. 소문과 달리 감정가가 평당 5~8만 원 선에서 결정된 것이다. 다른 지역으로 이주해야 하는 수몰민들은 앞길이 막막하다. 박세원 선생은 영주시 부동산이 크게 오르고 있다고 한다.

> "고전까지만 해도 영주시내에 아파트 짓는 놈은 정신 나간 놈 아이가 이랬는데, 지금 아파트를 새로 짓는다니까요. 영주 쪼마난 바닥에 한 500호만 지도 엄청나게 큰 거거든요. 여기는 인구 11만밖에 안 되는데. 수몰민들 아이면 아무리 봐도 수요가 안 되죠. 그러다보니까 다른 아파트 값이 올라가고 원룸도 구할라보믄 마 없는 기라. 최근에 원

룸도 굉장히 마이 지었어요."

영주시내 부동산 임대료와 매매가가 올라갔다. 박세원 선생이 살고 있는 아파트도 수천만 원대에서 억대로 치솟았다. 대도시에서도 보기 드문 오름세였다. 하락하기만 하던 집값이 오르고 있는 것이다. 토지 값도 오르고 있다.

"내가 가만 앉아 있는데 비싼 집이 된 거예요. 문제는 농민들이 또 농사를 지야 되잖아요. 딴 건 몬하잖아요. 나오면 뭐해요? 수몰민들 6만 원씩 받아가 가지고 대토하기 어렵다니까요. 평은, 이산 쪽이 원래 지가가 싸요."

부석면, 순흥면, 풍기 등은 토지 값이 올라 엄두를 낼 수 있는 형편이 아니라고 한다. 보상받을 금액의 배를 줘도 원래 농사짓던 넓이의 땅을 살 수 없다. 수몰민들은 앞길을 고민하지만 뾰족한 수가 없다. 현재 감정평가와 실사를 마친 상태이다. 김진창 씨가 대책위원회들의 문제점을 비판한다.

"다른 쪽 대책위 만내가지고 들어보믄 정부 정책이기 때문에 방법이 없으니까예 보상을 마이 받는 방법으로 먼저 간다는 거예요. 시청에서 초안설명회 끝나고 대책위원장이 나와 가지고 순 뭐 보상 이야기만 하고, 또 완전히 우리 입장을 뒤집는 이야기도 해버리고 이래가지고 같이 갈 수가 없는 거죠."

주민들 중 땅을 소유하고 있으면서 경작을 하지 않는 사람들은 댐 건설을 대체로 찬성한다. 넓은 경작지를 소유한 농민들은 찬반이 비슷하다. 소유지가 적은 대부분의 주민들과 남의 땅을 경작하는 임대농들은 대부분 반대하고 있다. 하지만 임대농들은 지주와의 관계 때문에 반대의 목소리를 내기가 여의치 않다.

"남의 땅을 부치는 사람들은 지주가 찬성을 하이까 같이 찬성해줘야 하는 거라. 돈 있는 사람들의 말 한 마디 가치하고 돈 없는 사람들 열 마디 가치하고 계산을 해봐요. 이게 돈 있는 놈 한 마디가 더 큰 거 아인교? 자본주의 사회란 게 그런 거 아인교? 이건희 같은 놈 목소리가 더 큰 거 아인교? 내 땅이 없어가지고 빌려서 농사지은 소작농 아이래. 부재지주 한 마디가 소작농 백 마디보다 더 큰 거 아인교? 그런 분위기가 다 깔려 있다. 소작농은 반대라꼬 손을 들고 떠들 수가 없는 기라."

박세원 선생은 수몰지인 이산면과 평은면 땅 소유현황 자료를 시청으로부터 받았다. 두 개 면에서 보상비를 넉넉하게 받는 사람은 채 쉰 명이 안 된다고 한다. 일부 지주들이 대부분의 땅을 차지하고 있는 농촌 현실이 여실히 드러난 것이다. 나머지는 외지에 사는 부재 지주와 소규모 논을 부치는 사람들, 임대농들이 다수를 차지하고 있다. 김진창 씨가 댐 건설을 둘러싼 지역의 갈등을 꼬집는다.

"세상이 사람을 그렇게 만든 거죠. 돈을 마이 주께 이러믄 불의와 타협하고 부자가 되는 길을 택한다고. 이게 왜 글나 하믄은 자본주의 사회는 일단 돈의 가치를 높이니까예. 선비정신은 그게 아니거든. 옛날 사람들은 재물을 서쪽 하늘에 구름과 같다는 얘기래요. 언제 사라질지 모르는. 서천의 구름을 서로 잡을라꼬 하는 시대인 거지."

그가 영주시청 게시판에 쓴 글을 본 어느 기자는 "우리는 그래 쓰고 싶어도 못 쓰는데 우리 말을 다 해주이까 고맙습니다"라고 말했다.

"시의원 욕하이까예, 시의원들이 고맙다 그러재. 경찰 욕을 하이까에, 경찰이 고맙다 그러재. 공무원 욕을 하이까, 공무원들이 웃으면서 잘했다 그러재. 이런 세상이 어데 있노? 내가 시발 미치겠다니까."

그는 목소리를 더 높였다.

"공정사회, 법치주의 사회라고 말할라믄 저부터 지켜놓고 떠들어야 될게 아인교? 내가 인사청문회 때 보이까에 탈법, 범법자 경연대회 나왔는 거 같드라꼬. 군 면제, 위장전입은 기본이고, 이런 놈들이 모여 법치를 한다고. 강도들이 모이면 강도짓 할 연구만 하고, 도둑놈들이 모이면 도둑질 할 연구만 하지 않겠는교? 내가 쥐새끼를 부지깽이로 조패부린다는데 사람들이 내보고 잘했다 이래므는 이 사회가 죽은 사회라."

2009년 8월 28일 영주시민회관에서 '영주다목적댐 건설 환경영향평가 주민설명회'가 열렸다. 김진창 씨와 농민들은 요식행위인 설명회를 반대하며 단상 위에 올라가 항의했다. 이로 인해 벌금을 물게 됐다. 그는 이를 강탈 당한 거라고 한다.

"내가 백성이 아니면 누가 백성이냔 말이에요. 백성이 주인 맞지요? 개 가 주인 발목 깨무는 택 아인교? 주인을 깨무는 거하고 똑같은 기라."

그가 게시판에 글을 열 번쯤 올렸을 때였다. 지역 정치인들의 실명을 거 론하며 비판하자 어느 기자로부터 만나자는 연락을 받는다. 기자는 국회 의원이 보냈다고 자신을 소개했다.

"그걸 프린트해서 즈그끼리 연구하고 있다고 우야몬 좋냐고. 연구할 게 뭐 있노? 지역 발전시킬 연구나 하라 그랬지. 그래가지고 욕 더 할 란다. 느네가 법치면 나를 법대로 처리해라 이게라."

현재 영주시장은 순환도로가 들어서는 '명품 댐'을 만들자는 주장을 하 고 있다. 댐 건설로 끊긴 도로를 대신해 자연을 해치며 새로운 순환도로를 만들고 수변공원을 만들겠다는 것이다. '영주댐반대범시민연대'는 댐 건설 로 인한 안개 피해 등에 대한 피해조사민관합동위원회를 만들어 조사하자 고 시에 제의했다. 박세원 선생이 시장의 답변을 전한다.

"시장 말이 '내가 민관합동조사회를 꾸리면 정부 정책에 반하는 걸로 보이기 때문에 곤란하다'는 거예요."

해가 긴 여름, 연세 지긋한 농민은 새벽 다섯 시면 논밭으로 향하고
어둑어둑해져서야 일을 끝내고 저녁 식사를 한다.
너무 더운 낮에는 가끔 몇 분이 어울려 내성천에서 물고기를 잡아
물가의 나무그늘에서 튀겨 먹기도 하는데 지나가는 객을 그냥 보내는 법은 없다.
그 농민들이, 피땀 흘려 일군 내 땅 한 평 보상받아 다른 땅 한 평을 살 수 없으니
이제 어디 가서 농사를 짓느냐고 하소연하며 머리에 빨간 띠를 두른다.
평생 농사밖에 모르고 살던 사람들이 말이다.

174

시민연대는 위원회를 만들기 위해 조례를 만들어 주민 청원을 받고 있다.

잠들기 전 나는 김진창 씨에게 왜 이렇게 힘든 싸움을 자처하고 있냐고 여쭈었다.

"다른 분들은 어르신처럼 열심히는 안 하시잖아요."
"어찌 보믄 바보일 수도 있죠."
"부인께선 뭐라고 해요?"
"나는 저 여자가 이상하다 생각이 들어. 신랑이 이러믄 '당신 왜 그래 요?' 하고 따져야 되는데 저 어마이가 바보 같기도 하고 내가 바보 같 기도 하고."

이를 부창부수라 했던가? 내 눈엔 두 사람 다 바보인 게 틀림없어 보였다.

사 라 진 미 래

놋점마을 노인들의
마지막 여행

영주댐 가는 길. 고개를 넘자 차창 밖으로 물도리마을 금광리의 풍경이 한 눈에 들어온다. 한눈에 반한다. 시쳇말로 눈에 넣어도 아프지 않을 것 같은 경치다. 내성천 물이 모래사장을 뿌려놓고 마을을 한 바퀴 휘돌며 흘러간다. 그 앞으로 중앙선 기차가 기적소리를 내뿜으며 지나간다. 기적소리는 내성천 물 위로 잔잔하게 내려앉는다.

주민들은 마을을 물도리동이라고 부른다. 이곳을 부르는 이름은 더 있다. 마을 앞을 흐르는 내성천을 비단을 펼쳐놓을 것 같다 하여 오래 전부터 금강, 또는 금강하회라고 불렀다. 작은 하회마을이라는 뜻에서 소하회라고도 불렀다. 하회마을이 알려지기 전이었다. 금가해라는 이름도 있다. 금강하회의 준말이다.

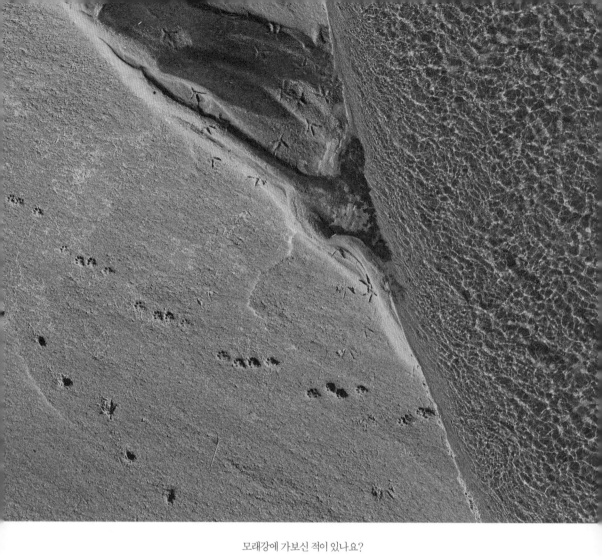

모래강에 가보신 적이 있나요?

아침저녁으로 금빛 모래가 물결 따라 반짝이는 곳,

맑은 물 거슬러 치어 떼 노닐고 하얀 찔레꽃 물 따라 흘러가는 강굽이에 백로들이 너울춤 추는 곳,

사람들의 맑은 웃음소리 흘러가면 다시 수달과 고라니가 주인이 되는 곳,

강물 따라 걷던 일순간 한폭 수채화의 일부가 되어 복잡다단한 생각을 슬그머니 강물에 풀어보는 그곳.

마을 이름은 원래 금강리였다. 이름을 빼앗긴 것은 일제강점기 때였다. 비단 금(錦), 큰 내 강(江)의 한자는 쇠 금(金), 빛 광(光)으로 바뀌었다. 마을 사람들은 하회마을보다 경치가 빼어나다며 마을에 대한 애정을 감추지 않았다. 금강마을은 관광지화 된 하회마을과 달리 자연 그대로의 아름다움을 간직하고 있다.

내성천을 따라 영주댐으로 향한다. 강변에서 농민들이 생강을 수확하고 있다. 금광리를 지나면서부터 거대한 댐이 보인다. 다가갈수록 그것은 점점 커진다. 포클레인과 덤프트럭들이 아름다운 풍광 속에 이질적으로 놓여 있다.

공사 현장에 도착하자 박세원 선생이 산에 뚫린 터널을 가리킨다. 댐 물이 일정량을 넘을 때 빼내기 위해 만든 물길인 무넘기(여수로)다. 산 고개를 넘어가니 다시 터널이 보인다. 산을 뚫고 빠져나온 맞은편의 무넘기다. 예상치 못한 크기의 대형 터널이다.

댐 아래 첫 번째 마을, 미림마을을 찾아간다. 마을에서 만난 주민이 건너편의 또 다른 산에도 중앙선 기찻길을 내기 위해 터널을 뚫을 계획이라고 알려준다. 산 중턱에 자리 잡은 진월사 스님들이 터널 공사를 반대하고 있다고 한다.

앞산 두 곳이 겪는 참화에 주민들 민심이 흉흉하다. 댐 공사로 농작물의 피해가 걱정인데, 터널 공사까지 연이은 우환이 마을을 덮치고 있다. 정을 주고받던 옆 마을 놋점의 이웃을 잃은 것도 억울한 터다.

놋점마을은 사라졌다. 마을이 있던 자리엔 건설회사의 관리사무소가 들어섰다. 후에 공원이 조성된다고 한다. 400년 동안 한 울타리에서 농사짓고 살아온 마을 공동체가 통째 없어졌다. 마을 주민들은 저항했지만 댐이 들어

어느 교수의 말처럼 무덤 속에 있던 것들이 일어나 우리 앞으로 걸어 나온다.

독일에서는 1977년 이후 댐을 짓지 않았고 준설은 법으로 금지되어 있다고 한다.

1999년 한나라당 지역구 의원들은 송리원댐(영주댐) 건설계획 취소를 촉구하는 성명을 발표했다.

정권은 바뀌어도 토건은 영원하다.

오는 것을 막지 못했다. 놋점마을 주민들의 소식을 듣기 위해 미림마을 이장 댁을 찾아간다.

이장님 부인께서 식사를 차려준다. 이장님에게 이주의 뒷얘기를 듣는다. 마을 사람들은 서울로, 대구로, 대전으로, 안동으로, 그리고 영주 시내로 뿔뿔이 흩어졌다. 그가 마을 이름 '놋점'의 유래를 알려준다.

"그게 놋점이 아이고 원래는 유점이라. 놋그릇 유자, 유기점이라 캐서 옛날에는 이기 유기점이 있었어."
"떠나신 분들 중에 시골마을로 이주한 분도 있나요?"
"없어요. 다 도시로 떠났어요."

버스가 오지 않는 오지에서 옹기종기 한데 모여 살던 놋점 주민들. 그네들의 이주 후 삶이 온전할 리 없을 것이다. 이주를 앞두고 마을 사람들이 주고받은 말이 있다.

"인제 우리가 헤어지면 죽을 때까지 못 보니껴."

성치 않은 일흔, 여든의 몸으로 고향을 떠난 노인들이 앞으로 서로 만나는 일은 불가능한 일이다. 60년, 70년을 정든 친구들과 마을 사람들은 그렇게 헤어졌다. 떠나기 전, 미림마을 사람들이 관광버스를 대절해 놋점 노인들의 마지막 여행을 보내줬다.

나는 마을을 떠나며 그네들의 마지막 여행을 생각했다. 목이 잠겼다.

내가 사는 집이랑 다 물속에 있고, 서글프더라

내성천을 따라 다시 금광리로 접어든다. 마을로 향하는 다리 하나를 건너면 금광리다. 이 마을은 장씨 집성촌으로 마흔 세대가량이 살고 있다. 옛날엔 백 세대에 이르는 큰 마을이었다.

현재 영주시 국회의원인 장윤석 씨가 이 마을 출신이다. 어린 시절의 그를 기억하는 주민들은 "그까짓 놈 알 거 아이라"며 배신감과 분노를 감추지 않았다.

마을회관 문을 두드려도 대답이 없다. 박세원 선생과 나는 마을을 둘러보기로 한다. 몇 걸음 내딛지 않아 여든이 넘은 할머니 한 분을 만난다. 그녀와 함께 길을 걷는다.

맏딸로 태어난 할머니는 공출을 피해 열여섯 나이에 이 마을로 시집 왔다.

가난 때문에 여러 번 죽을 궁리를 할 만큼 그녀의 삶은 가난의 연속이었다.

"그렇게까지 힘드셨나요?"
"응. 희망이 안 보이드라."

할머니는 평생 난리를 세 번 겪었다. 마지막 난리는 영주댐 건설이다.

"대동아전쟁 겪었지. 육이오 겪었지. 전쟁 나서 두 살 된 첫 아이 업고 청도로 피난 가가지고, 남편은 가다 붙들려가지고 군대 가불고 없고, 육십 노모 시어머니하고 그래 가이 나중에 마 쪽박 들고 얻어머러 다녔지. 지금 또 쫓겨나가지. 어느 자슥이 날 데려가서 모셔요. 그지? 자식한테 가믄 누가 반가브려요? 여 있던 땅이 젤 좋은데."

어느새 할머니 댁에 도착한다. 담 옆에 외양간 한 채가 있는 집이다. 소가 없는 외양간이 휑하다. 무릎관절이 아프다면서도 낯선 불청객을 손님이라며 단감을 깎으며 한숨을 내쉰다. 여든 생애에서 언제부터 '사는 게 사는 것 같았냐'고 여쭙는다. 할머니는 에둘러 대답한다.

"무릎도 아프고 허리도 아프고 억지로 사는 게지. 지금은 딴 거 아무것도 안 바래코 내가 자슥한테 짐이 안 되면 돼. 그르믄 내일 죽어도 관계없어."

댐 건설이 원망스러운 이유다. 허리가 불편해도 할머니는 일손을 놓지 않는다. 할머니를 따라 뒤꼍의 밭으로 간다. 목화 열매를 따준다. 작은 밭엔 무며 배추, 녹두, 들깨 등 다양한 먹을거리들이 할머니의 손길을 기다리고 있다. 할아버지와 시부모님은 모두 앞산 너머 선산에 계신다. 그리울 때면 고개 들어 그곳을 바라보곤 한다. 할머니는 그리운 이들이 잠들어 있는 마을을 떠나고 싶지 않다.

할머니의 밭을 뒤로 하고 마을을 가로질러 장씨고택 쪽으로 향한다. 집을 나서는 할머니 한 분을 만난다. 그녀가 고향을 떠나야 하는 안타까움을 토로한다.

"섭섭해요. 여 동네가 400년 됐고 참 좋은 동넨데. 나쁜 게 없어. 강물 참 좋재. 얼매나 좋아요. 다 좋아. 내는 대책도 안즉 없고 이래고 있어요. 아이구, 며느리도 데려갈 생각도 안 하고 나도 아즉 갈 생각도 안 먹고 있어. 불편하이까. 고마 여 이래 살았으면 좋은데."

할머니의 집 맞은편엔 기와집 한 채가 있다. 문화재로 지정된 장씨고택이다. 마을을 들어서기 전부터 눈에 띄던 기와집이다. 고택은 단산 아래 마을 중턱에서 내성천을 바라보며 터를 잡고 있다. 고택 입구 안내판에 "조선 세조 때 적계공신 장말손의 후손 사계 여화가 이곳에 터를 잡아 세거하여 후손이 번창했다"라고 쓰여 있다.

대문을 두드려도 인기척이 없다. 육중한 대문을 열고 들어선다. 끼이익, 하고 대문 열리는 소리가 크게 울린다. 너른 마당을 지나 또 하나의 문을 열고 들어간다. 방 안에서 라디오 소리가 들린다. 마른 체구의 할머니 한 분이 문을 열고 나오신다. 여든둘 고택의 며느리시다. 스무 살에 시집 온 할머니는 할아버지를 따라 객지에서 지내다 내려와 노년을 보내고 있다.

할머니는 일본 오사카에서 자랐다. 열일곱에 해방이 되면서 이 땅을 처음 밟았다. 해방은 그녀를 이주민으로 만들었다. 우리말을 할 줄 몰라 애먹은 세월을 들려준다. 한국에 온 지 얼마 지나지 않아 전쟁이 발발했다.

"이 집이 그때 뜯긴다 했어. 육이오 사변 때 뜯긴다 했는데 안 뜯겼어."

전쟁의 화를 피한 고택은 댐 건설의 화를 피하지는 못하고 있다. 문화재로 지정된 이 건물은 어떻게 될까?

"정부에서 수리해줘서 요래 반듯하게 됐는데, 또 정부에서 옮긴다 하는데 안즉 결정이 안 났어요. 땅이 있어야 이걸 어데로 옮기고 하지. 요새 댐 된다 하이께네 땅들이 비싸서 잘 안 되는 갑든데."

할머니에게 앞날을 여쭙는다.

"아이고, 인제는 나이가 먹었으니께네 여게 있다가 죽어뿌먼 좋지요. 안 그래이꼬? 자식이 있다 그래도 요새는 다 저는 저대로 사는데."

댐만 아니면 여기 살다 인생을 마무리하는 것이 바람이다. 하지만 그녀가 인생에서 두 번째 이주민 신세를 면하기는 쉽지 않은 상황이다. 할머니와 얘기를 나누고 있을 때 김종국 씨가 방문한다. 그는 이산면에 있는 문화재 괴헌고택 주인이다.

"댐 들어서면 어디로 가실 거예요?"

"갈 데가 없어……. 딸은 사위 때문에 안 되고 아들은 며느리 때문에 안 되고 정말 갈 데가 없어……."

400년 내려온 장씨 집성촌 금강마을의 한 할머니는 어린 손자뻘 학생들 앞에서 짧은 한숨 쉬시고,

이산면의 한 할아버지는 고향 떠난 노인들이 결국은 빈손 들고

어느 시골 느티나무 밑에서 막걸리로 세월 보내게 된다며 눈시울이 젖어든다.

괴헌고택은 안방에 피난다락과 사랑방 뒷벽에 은신처가 있는 특이한 건물이다. 김진창 씨가 들려준 말에 따르면 독립군과 좌익 인사들을 숨겨준 곳이라고 한다. 영주 지역엔 영주댐 건설로 괴헌고택, 장씨고택을 비롯해 열세 개의 문화재가 수몰지에 있어 이건될 처지에 있다. 김종국 씨는 이런 문화재와 관련한 대책을 세우는 일을 하고 있다.

장씨고택에서 나와 1년 전 고향에 내려와 마을을 지키고 있는 장진수 씨 집으로 향한다. 마을 골목에서 우연히 그를 만난다. 장진수 씨가 금광리에 내려온 것은 수몰지가 된다는 소식을 들은 이후다. 그를 따라 마을 언덕을 오른다. 마을 뒷산인 단산으로 이어지는 볕 잘 드는 양지에 묘들이 모여 있다. 마을 공동체에 기여한 사람만이 묻힐 수 있는 명당자리라고 한다.

"여기는 묘를 함부로 못 써요. 마을 회의를 통해 들어오거나 종손 집안 중에서도 특별한 분들만 올 수 있어요. 10년 전 아재뻘 되는 분이 있는데 마을에서 묘를 쓰지 말라고 했는데 장지로 가는 날 갑자기 여기 묘를 쓴 일이 있었어요."

돌아가신 분 입장에서 후세의 욕심으로 얼결에 명당자리를 차고 누우신 셈이다. 그 명당자리 옆에 수몰 지역을 표시한 푯말이 꽂혀 있다. 수몰을 피해 어딘가로 피신해야 할 처지가 됐다.

단산 고개엔 마을을 지키는 수호신을 모신 성황당이 있다. 우리가 성황당에 갔을 때 키 높은 소나무 꼭대기에 만수위를 표시한 깃발이 있었다. 성황당과 함께 마을 전체가 수몰되는 것이다.

장진수 씨를 따라 생강 밭으로 간다. 몇 해 전부터 마을의 여러 농가가 생강 농사를 짓고 있다. 그의 어머니와 마을 할머니 세 분이 밭에서 생강을 캐내고 있다. 박세원 선생이 일손을 돕는다. 장진수 씨 일을 조금씩 도우며 대화를 나누었다.

그는 서울에서 무역회사를 다녔다. 현재는 직접 회사를 운영하고 있다. 2010년 2월 이곳에 내려온 후 일을 많이 줄였다고 한다. 처음 내려올 땐 두세 달가량 머물 계획이었다. 그런데 상황이 좋지 않았다. 댐 건설은 너무 빠르게 추진되고 있었다. 동네 사람들의 억울함을 가만 보고 있을 수 없었다. 마을 노인들을 대신해 이 일 저 일 하다 보니 머무는 기간이 늘었다.

"시골에서 고생 많으셨는데 노년에 편하게 지내셔야 되는데 댐이 되고 해서 잠도 제대로 못 주무셔요."

지난 명절 때 고향에 내려온 친구들을 만나 술자리를 가졌다. 친구들은 마지막이라는 생각으로 내려왔다.

"모여서 옛날 얘기 많이 했죠. 마음도 쓸쓸하고 눈물 나죠. 수백 년 전통을 쌓아온 동네인데 수장시키니까. 우리 고향 이렇게 된다고 하니까 진짜 받아들이기 힘들죠. 내 추억이 있는 곳을 훼손하는 것이 견딜 수 없더라고요. 꼭 해야 되는 사업이라면 가슴이 아파도 이해하겠는데 안 해도 되는 사업을 하려고 하니까."

어린 시절이 그리운 듯 달뜬 목소리로 내성천에서 놀던 추억을 한참 동안 늘어놓는다. 그가 앞으로 계획을 말한다.

"제가 생각해보니 마을 공동체로부터 도움만 받았지 준 게 없더라고요. 이렇게 아름다운 마을에서 태어난 것도 받은 거죠. 마을이 절박한 상황이니 이제 작정을 하고 한 이 년 정도는 제 힘을 보태고 싶어요."

그는 외국의 친구들에게 고향마을이 처한 상황을 얘기해주곤 한다.

"못 믿겠다는 거죠. 어떻게 그럴 수 있냐는 거죠. 4대강 사업에 대해 얼핏 듣기는 했지만 이 정도인 줄은 몰랐다고 해요. 나라마다 정책이 친환경적으로 변해 가는데 역행을 하고 있으니까. 이렇게 몇 년 더 역행하면 회복하는 데 수십 년, 수백 년이 걸리니까요."

생강을 수확하는 할머니 세 분이 있는 곳으로 찾아가 얘기를 나눴다. 할머니들은 모여 앉아 생강에서 종자를 떼어내고 있었다. 일흔이 넘은 할머니 한 분에게 말을 걸었다. 그녀는 동네에서 젊은 축에 낀다. 동네에서 가장 나이가 많은 분은 아흔 둘이다. 여든 정도의 노인들은 모두 밭에 나와 일한다고 한다.

"할머니, 일하실 만하세요?"
"뭐 앉아서 하이께 놀기만은 모하지요. 이걸 하믄 손이 아파. 이리케 따갑아요. 계속하니까 아프지."
"평소 일은 많이 하세요?"
"마이 하는 사람은 하고, 우리네는 농사 쪼끔 하이께네. (옆에 있는 할머니를 가리키며) 이 할머니는 상할머닌데. 마, 일을 최고로 마이 하시는 분이래요."

나이 여든이 넘은 '상할머니'는 교통사고 후유증으로 몸이 편찮으시지만 손에서 일을 놓지 못한다. 금광리에서 만난 거의 모든 할머니들이 병을 지니고 있었다. 다리가 아프고, 허리가 아프고, 속병이 깊었다.

"그동안 살아온 세월은 만족스러우세요?"
"만족 모하고 살았지요. 내 생활에 대해서 이제 뭐 그렇게 만족을 느끼고 산 건 없지. 내 운명이 요기까지다. 그래 생각하믄 괜찮고. 뭐 그래 지내왔지요."
"이렇게 떠나면 뭐가 제일 아쉬울 것 같아요?"
"첫째는 얼굴 알고 이래 친하게 지내다가 헤어지면 그게 섭섭하고. 새로 사귈라 그라믄 촌에 있던 할매들이요, 도시하고 적응하기가 좀 힘들지. 이런 데는 촌이기 때므로 서로 덮어주는 게 좀 많아요. 니가 나쁘다 탁 꼬집어가지고 잘못했다 이거 없고 뭐 이래니께네."
"몇 십 년을 보고 살았으니까 서로 이해해주는 거죠?"
"그래이께 서로 덮어주고 그래 살지."
"두 번째는요? 두 번째 아쉬운 거."
"모든 게 아쉽지만은 내 정든 고향 내비리고 가는 게 아쉽지요. 뭐 이렇게 실컷 참 몇 십 년을 살던 데를 물바다 만드고 가는 게 좋을 사람은 없잖아요. 수자원공사 그걸 보이께네 고마 마음이 스무리한 게 안 좋더라고요."
"수자원공사요?"

"거기 가이 수자원공사 저거 해놨데요. 그림 홍보해 논 거. 물이 어드까지 차는지 표시해놨잖아. 내가 사는 집이랑 다 물 속에 있고. 서글프잖아."

할머니는 댐 건설 현장에서 본 조감도를 보고 충격에 빠져 멍하게 서 있었다고 한다. 조감도엔 그녀가 살던 마을과 집이 파란 물속에 잠겨 있었다. 내성천도 물속에 잠겨 있었다.

금강

3부

공주 금강변의 아름다운 모래는 두 달 만에 사라졌다.
타지살다 금모래가 그리워 공주로 돌아왔다는 한 아주머니는 물만 찰랑거리는 금강을 봤다.
속도전으로 강을 파헤치는 저 트럭들이 머디허저처럼 보인다.
풍경은 비현실적이지만 공사는 현실이다.

El Condor Pasa

새와 사람의
거리

금강에는 대형 댐인 세 개의 보가 건설되고 있다. 금강 상류의 연기군 동면 합강리 습지를 향해 가고 있다. 합강리 습지에서 차로 10분 거리에 금남보 공사현장이 있다.

400킬로미터를 흘러 서해로 빠지는 금강은 호 형태를 띠었다 해서 '호강'이라고 한다. 전북 장수의 뜬봉샘에서 발원해 흐르는 물줄기는 대전까지 북진한 후 서쪽으로 방향을 틀고, 공주에서 서남쪽으로 몸을 틀어 호 모양을 완성한다.

동고서저의 지형 특성상 우리나라 강은 동쪽에서 발원해 서쪽으로 흐르거나, 북쪽에서 발원해 남쪽으로 흐른다. 금강은 우리 강 중 유일하게 남쪽에서 발원해 북진하다 다시 남하하는 강이다. 그래서 전체 길이는 400킬로

공주 시내를 관통하는 금강변에 공산성이 있다.

475년 성왕 때 만들어진 이 산성은 1,500년 넘게 이곳을 지켜봤지만

이렇게 금강이 변화하는 모습은 처음 봤을 것이다.

미터에 달하지만, 발원지와 금강 하굿둑의 거리는 100킬로미터에 불과하다.

지도상에서 보면 금강은 활시위처럼 생겼다. 강은 활시위를 따라 흐르며 두 개의 분지를 만들었다. 이 분지 위에서 강에 젖줄을 댄 두 개의 도시가 세워졌다. 대전과 청주다.

금강은 세 군데의 유역으로 나눌 수 있다. 발원지에서 대청댐 상류에 이르는 구간은 태백산맥을 가로지르는 가파른 산악 지역이다.

대청호에서 부여에 이르는 구간은 산맥을 빠져나온 강이 평지를 만나며 강폭이 넓어지고 물살이 완만하게 흘러간다. 모래섬과 모래톱이 많이 형성되어 있고, 이 모래들 때문에 준설이 집중적으로 이뤄지고 있다. '금강 살리기 사업'의 핵심 구간이다. 이 구간에 공주, 대전, 청주, 강경, 부여 등 대부분의 도시가 자리 잡고 있다. 따라서 가장 큰 오염원이 발생하는 구간이다.

끝으로 부여에서 금강 하굿둑에 이르는 구간은 바다의 영향을 받아, 바닷물과 빗물이 만나는 기수역이 형성되어 있다. 기수역은 유기 영양분이 풍부하게 공급되는, 조개·고둥 등의 저서생물을 비롯한 다양한 생물들의 서식 공간이다. 금강을 지키는 환경운동가 이경호 씨(대전 환경운동연합)가 마이크를 잡고 설명한다.

"하구에 살고 계신 주민들은 강이 하구에서 출발해서 상류로 올라가는 것이라고 강을 설명하시기도 합니다. 그 정도로 강 하구가 많은 생명력을 가지고 있고요."

개발론자들에게 이 사진 속 구호는 이해되지 않을 것이다.

개발론자들이야 강을 죽여 경제를 살리고 싶겠지만,

강이 죽고 뭇 생명이 죽고 나면 정신도 죽을 텐데 화려한 껍데기만 두른

우리네 모습이 걱정이다.

하구에서 밀물을 따라 배가 드나들었다. 고깃배들은 밀물을 따라 올라가 강경에서 염장 작업을 했고, 주민들이 생산한 젓갈을 내륙으로 운송했다. 강경포구는 조선시대 3대 시장 중 하나였다. 1994년 군산에 금강 하굿둑이 건설되면서 강의 항문이 막혔다. 고깃배들은 1996년 닻을 내렸다. 금강을 드나들던 고깃배들은 현재 '젓갈박물관'에 전시되어 있다. 강경 지역도 쇠락의 길을 걸었다.

이경호 씨는 새 전문가다. 그는 새를 좋아해서 환경운동을 시작했다. 대학교 1학년 때부터 동아리인 '야생조류연구회'에서 새를 관찰했다. 그가 들려주는 새 이야기가 귀를 기울이게 한다.

"철새들은 서식지가 훼손되면 다른 곳으로 이동하기가 굉장히 어렵습니다. 왜냐면 시베리아나 몽고 등지에서 여기까지 4,000킬로미터 이상을 날아오는데, 중간 중간 쉬면서 오는 게 아닙니다. 1주일이나 보름 정도 걸려 우리나라에 옵니다. 길면 한 달까지 비행하는 새들도 있습니다. 먼 여행을 준비하며 얘네들이 출발하기 전에 몸무게를 두 배로 불려 살을 찌웁니다. 기름을 채우는 거죠. 우리나라에 도착하면 몸무게가 3분의 2 정도 줄어듭니다. 그래서 바로 먹이를 먹지 못하면 죽을 수밖에 없어요. 체력이 완전히 소진되었기 때문에 다시 비행할 힘이 없어요."

호주에서 날아와 서해안 갯벌에 내려앉는 도요새들도 마찬가지다. 6,000킬로미터의 바다 위를 날아온 도요새들은 착륙하자마자 먹이를 바로 취하지 않으면 죽음을 맞이하게 된다.

"연구용으로 제가 채집했을 때 새들이 제 손 안에서 바로 죽을 때가 가끔 있어요. '붉은어깨도요'라고 하는 철새가 새만금에 30만 마리가 있는데, 전 세계 개체군의 10퍼센트 정도가 죽었습니다. 조사 결과에 의하면 줄어든 10퍼센트의 새들이 새만금에 찾아오는 새들이었어요. 새를 연구하는 분들이 환경영향평가서에 '새들은 이동하기 때문에 적응할 수 있다'고 썼는데요. 텃새는 그게 가능하지만 철새는 불가능합니다. 그래서 조류 전문가들이 새만금 공사를 통과시켜 줬습니다."

비행기가 이륙할 때 가장 많은 에너지를 소모하듯 새들도 이륙을 할 때 가장 많은 열량을 소모한다. 대부분의 열량을 소모한 새들은 먹이가 없으면 떠날 힘이 없다. 그래서 사람이 가도 피하지 않고 먹는 게 우선이다. 새들을 가장 가까이서 볼 수 있는 때가 이때다.

새들과 사람의 거리가 우리나라는 110미터라고 한다. 우리 땅의 새들은 평균 110미터 앞에 인간이 나타나면 위험을 깨닫는다. 자연과의 거리다. 가까운 일본은 30미터, 유럽은 15미터, 뉴질랜드처럼 자연과 조화를 잘 이룬 나라들은 5미터이다.

"부단하게 노력한 거죠. 사람이 자연과 가까워지려고 굉장히 많은 노력을 한 겁니다. 사냥을 금지하고 서식처를 보호하는 노력 때문에 거리가 가까워지게 된 겁니다."

엄마의 江

합강리 습지에 도착해 한 시간 남짓 걸리는 강변길을 걷는다. 마을 이름 합강리는 두 개의 강이 만나는 곳이라는 뜻을 지니고 있다. 이곳은 대전에서 흘러온 금강 본류와 청주에서 흘러온 미호천이 만나는 합수머리다. 두 개의 하천이 만나며 강폭이 넓어지고 모래톱이 곳곳에 만들어졌다.

모래톱을 서식지로 한 다양한 생물들이 이 강에 살고 있다. 합강은 바닷가 인근의 하구를 제외하고 가장 많은 새들이 오는 철새 도래지로 알려져 있다. 매년 법적 보호종 스물다섯 종을 포함해 10~20만 마리의 철새들이 월동한다. 주변의 산과 장남평야, 대평들 그리고 강이 조화를 이루는 최적의 환경이 새들을 부르고 있다. 이경호 씨가 말한다.

금강의 하중도. 심명필 국토해양부 4대강살리기추진본부장은

"오랜 시간이 지나면 하천에 흙과 모래가 쌓여 일종의 섬 같은 게 생기고 나무가 자란다.

그 지역 주변에 강이 많으면 물이 차기도 하고 습지가 인공적으로 만들어진다"며

"홍수 측면에서 보면 굉장히 부담이 돼 없어져야 한다. 사라져야 한다"고 말했다.

그에게 강은 왜 있는 것일까?

"작년 겨울에 공사를 시작한 후 개체수가 4분의 1로 줄어들었습니다. 기러기는 매년 5,000마리 정도가 찾아오는데 4대강 공사가 시작된 직후인 2009년에 250마리 정도만 관찰됐고요. 나머지는 어디론가 떠났을 겁니다."

우리가 걷는 길 이편의 강에 숲이 우거진 모래섬들이 무성하다. 강의 우안은 보존하고, 좌안은 개발한다고 한다. 강 건너편의 습지는 송두리째 사라지고 황량한 고수부지만 보인다. 강 좌안과 가운데 있던 하중도와 모래톱들은 2009년 6월부터 시작된 준설작업으로 사라졌다.

"금강에는 보존가치가 높은 이런 습지가 마흔다섯 곳이 있다고 합니다. '금강 정비 사업'으로 열 개를 남기고 나머지는 다 준설하는 걸로 계획되어 있습니다."

이경호 씨가 걸음을 멈추고 앞에 보이는 습지를 가리킨다. 이 습지는 자연습지가 아니라고 한다. 수십 년 전 골재를 채취하기 위해 강바닥을 파고 내버려둔 곳에 모래가 쌓이고 바람에 식물들의 씨앗이 날아와 서서히 습지가 만들어졌다. 서울의 밤섬처럼 자연은 스스로 상처를 극복하고 되살아나 다양한 생물들의 보금자리가 되었다.

답사를 함께하고 있는 젊은 만화가 박해성 씨가 강변에 서서 스케치를 하고 있다. 스케치북을 엿본다. 우리 앞에 펼쳐진 풍경이다. 풍경 한가운데 시멘트 공장이 있다. 다시 강을 바라본다. 강 너머 그가 그리고 있는 시멘트 공장이 보인다. 공사 전엔 습지와 버드나무들에

가려 공장 모습이 보이지 않았다. 그는 답사를 마친 후 강이 사람들에게 말하는 스토리의 만화를 그리고 싶다고 말한다.

박해성 씨가 스케치하는 모습을 뒤로 하고 다시 길을 걷는다. 아이 하나와 길을 걷는 일행이 보인다. 대전에 사는 정은희 씨와 아들 서진이다. 자신이 사는 곳에서 벌어지는 일을 보는 소감이 궁금하다.

"제가 고향에 애착이 없을 정도로 이사를 자주 다녔어요. 대전 도심에 갑천, 유등천, 대전천 세 개 하천이 있는데 조그만 천인데도 엄청 파고 있거든요. 포클레인들이 왔다 갔다 하는데 기가 막혀서 말이 안 나오죠."

정은희 씨가 '말이 안 나오는' 이야기를 계속 들려준다. 그녀는 지난 주 어린이도서관에서 주최하는 문화탐방에 참여했다. 갑천 상류의 정뱅이 마을에 갔는데 동네 한가운데 조형물 하나가 널브러져 있었다.

"'4대강 살리기 사업'으로 옮겨놨다고 쓰여 있는 거예요. 애들이 보고 4대강 살리는데 이런 걸 왜 옮기냐고 물어봐요. 4대강 사업 어때? 이렇게 물어보면 '살리는 거니까 좋은 거죠' 이렇게 말하다가도 직접 보면 '근데 저걸 왜 파요? 그냥 내버려두면 되지'라고 말해요."

금강에서 퍼 올린 모래가 현장에 만들어진 레미콘 공장에 들어가

바로 건설현장으로 달려간다.

하도 많이 퍼 올려 충청권에서 50년 동안 건설만 해도 될 양이란다.

어른들은 '금강 살리기'라는 명칭을 붙였지만 아이들이 보기에 공사 현장의 모습은 왠지 살리는 것 같지 않은 느낌이 든 것이다. 언젠가 답사 일행 중 한 명이 들려준, 아들에게 받은 질문이 생각난다.

"아빠, 저렇게 파내면 밑에 있는 물고기들은 어떻게 살아?"

합강리 공사를 맡고 있는 '두산건설' 현장 사무실 앞에 도착한다. 버스를 타고 금남보를 향해 이동한다. 금남보는 여기서 10킬로미터 거리에 있다. 버스를 타고 가던 중 이경호 씨가 창밖을 가리킨다.

"저게 미군 송유관이 지나가는 고정보입니다. 이미 여기에 보가 만들어져 있습니다. 그런데 여기서 500미터 아래에 금남보를 만들고 있습니다. 이 보는 철거한답니다. 그나마 이 보가 고정보라 상류의 생태계가 유지되는 것인데, 금남보가 만들어지면 생태계가 심각하게 훼손될 수밖에 없습니다."

금남보는 금강을 400미터가량 가로지르는, 가동보와 고정보가 혼합된 댐이다. 이경호 씨는 고정보보다 가동보가 더 반생태적이라고 말한다. 가동보는 상류에 식생이 자랄 수 없기 때문이다. 건기에 물을 가둬두면 토사들이 가동보 상류에 쌓여 모래톱이 생기고, 그 위에 생명들이 자란다. 여름에 비가 많아지면 가동보를 열고, 이때 생명들이 한꺼번에 쓸려 내려간다.

금남보 공사현장이다. 공사 전 160미터였던 강폭은 450미터로 늘어났다. 금남보는 '선도사업지구'로 선정되어 2009년 5월 착공했다. 금남보는 원래 행정도시 세종시의 건설계획에 포함되어 있었다. 대전 지역 환경단체들은 '세종환경포럼'을 통해 계획을 잠정 보류시켰다. 댐 건설이 무산될 수 있는 상황이었는데 4대강 사업으로 갑자기 착공에 들어간 것이다.

조금씩 비가 내리고 있다. 현장을 둘러보고 있는데 굵은 비가 쏟아진다. 차량이 있는 곳으로 되돌아가면서 답사에 참여한 이지연 씨에게 소감을 묻는다.

"제가 관심을 가지고 기사를 보긴 했는데, 정말 할 말이 없네요. 할 말이 없게 하는 상황이고 공간들이에요. 강에 대해 참 몰랐구나, 모래섬을 하중도라고 하던데 하중도가 뭔지도 몰랐어요. 참 아이러니해요. 4대강 사업이 아니면 그냥 강은 흘러가겠거니 할 텐데 이렇게 오게 되고……."

이지연 씨가 잠시 침묵하더니 다시 말을 잇는다.

"전 항상 죽음에 대한 생각을 하면서 살아요. 어떤 게 생명일까 생각하는데, 누군가 생명은 변화하는 것이라고 하더라고요. 그러니까 변하지 않는 것은 이미 죽은 거죠. 그런데 인위적으로 사람의 필요에 의해 자연에 손을 대는 것은 죽이는 것과 같다는 생각이 들어요. 소름끼치네요."

그녀는 개인적인 이유로 금강을 찾아왔다. 세상을 떠난 어머니의 강에 얽

비옥한 강변의 수목들을 보며 이곳이 얼마나 아름다운 땅인가를 새삼 느낀다.

하지만 이제 너무 늦었다.

내일이면 이곳은 콘크리트로 된 강변도로와 자전거 길이 날 것이다.

힌 일화를 들려준다. 그녀의 부모님은 부산 사람이었다.

"아버지가 아프서서 일찍 돌아가셨어요. 어머니는 딸 둘 키우면서 '남편 죽인 년'이라는 것 때문에 여행을 안 가셨어요. 그러다 엄마가 평소 안 하시던 행동을 해요. 워낙 절제하고 사시던 분이 갑자기 어딘가 가고 싶어하는 거예요. 엄마가 마지막으로 갔던 여행지가 섬진강이었어요. 자기가 살던 동네에서 가장 멀리 갔던 곳이고 그게 마지막 여행이었어요. 섬진강을 보고 반하셨어요. 그 여운이 꽤 길었어요. 엄마가 외로움에 사무치고 마지막으로 갔던 여행지라서 그런지……."

어머니는 전라도를 매우 싫어했다고 한다. 전라도 남자와 결혼한다고 말하면 난리가 아니셨다. 그런 어머니의 마지막 여행길이 전라도였다. 그래서 더 놀랐다.

섬진강에 다녀온 지 얼마 지나지 않아 엄마가 세상을 떠났다. 엄마가 그리울 때면 섬진강이 떠올랐다. 섬진강의 발원지 데미샘과 금강의 발원지 뜬봉샘은 지척에 있다. 그녀는 4대강 사업 소식을 접하고 자연스레 금강에 관심이 갔다. 그녀는 엄마를 섬진강에 뿌려드리고 싶었다. 친척들의 만류로 가까운 한강에 뿌렸다. 이지연 씨는 엄마가 생각날 때면 섬진강에 간다. 그녀의 어머니에게 강은 무엇이었을까?

"한영애의 노래 중에 〈건널 수 없는 강〉이라는 노래가 있는데 엄마에게 강은 그리움이었을 것 같아요. 이승과 저승 사이에 건널 수 없는 무엇이었던 것 같고. 엄마가 좋아하는 팝송이 〈The water is wide〉인데, 〈건널 수 없는 강〉과 가사가 비슷해요. 아빠 이후 엄마는 남은 인생은 덤으로 사셨던 것 같아요. 아빠에게 건너갈 수 없는 강과 같은 거죠. 아빠 돌아가시고 유일하게 간 여행이 섬진강이었으니까요."

황금광 시대

금남보에서 버스를 타고 금강보로 이동한다. 금강보는 한 달 전 수해로 가물막이가 붕괴되었다. 수해를 입은 지 한 달이 지났지만 수문이 물에 잠겨 있고, 교각에 설치한 계단이 무너진 채 방치되어 있다. 공사장 입구 펜스도 붕괴되어 있다. 대전 지역 환경단체가 여러 차례 홍수에 대비해 가물막이를 철거할 것을 요청했지만, 건설사는 하루라도 더 빨리 보를 건설하기 위해 환경단체의 경고를 무시했다. 이경호 씨는 금강은 수해가 거의 없다며 한 달 전에도 공사 현장만 수해를 입었다고 지적한다.

환경운동가들이 이포보 농성을 벌이고 있을 때 이경호 씨는 한 편의 글을 썼다. 세 명의 환경운동가가 이포보에서 끌려 내려오면 자신이 보에 오르겠다는 내용이었다. 그 글을 쓴 후 금강보 진입로가 봉쇄되었다. 진입로가 가로막혀 더 들어갈 수 없다. 대화를 나누고 있을 때 건설사 관계자가 찾아와 일행을 거칠게 밀어낸다. 이곳에서 물고기가 떼죽음 당한 일과, 최근 입은 수해가 언론에 알려지면서 신경이 날카로워진 것이다. 우리는 버스를 타고 금강보를 떠났다.

연미산을 넘어 부여보 가는 길에 곰나루가 있다. 곰나루는 연미산 아래 자리하고 있다. 곰나루의 옛 이름은 고마나루(웅진熊津)로 공주의 옛 지명이기도 하다. 금강이라는 이름은 곰강에서 나온 말로 곰에 관한 전설이 남아 있다.

"곰나루 일대에 유물이 많이 묻혀 있을 거라고 해요. 백제문화권인 금강은 강변을 걸으면서 문화재를 주울 수 있는 곳이랍니다. 강변을 개발하며 많은 문화재들이 훼손되고 있습니다. 충청남도에서 곰나루, 왕흥사지, 공산성 등 금강 유역 열다섯 개가량의 문화재를 유네스코에 등록을 했습니다. 그래서 올 한 해는 잠정 문화재 등록 조사기간이에요. 그런데 이미 준설을 다 해놔서 훼손된 상태입니다. 금강을 준설한다는 것은 유네스코에 등록하지 않겠다는 의사표명이나 다름없습니다."

백제큰다리가 보인다. 그 아래 '백제큰다리보'가 있다. 백제큰다리보를 지나 또 하나의 보가 눈에 띈다. 옥룡보다. 공주 시민들에게 물을 공급하기 위한, 취수를 목적으로 만든 보다.

"저 밑의 금강보는 말 그대로 전시용입니다. 백제큰다리보와 옥

요즘 충청권은 '세계대백제전'으로 술렁인다.

공주와 부여 일대에서 벌어지는 200억짜리 축제는 백제의 부흥을 기대하게 한다.

물론 그 밑바탕에는 세종시와 금강의 세 개 보(댐)가 있다.

정말로 건설이 백제를 부활하게 할까?

곰나루 근처에 건설 중인 금강보 건설현장이다.

곰나루 사당 앞은 파헤쳐지고 물이 찰랑댄다.

남은 역사 유적이 없다는 투덜거림도 헛되게 들린다.

충청권은 이곳을 포함해 백제 유적지를 세계문화유산에 등재하겠단다.

자신들이 하고 있는 일들을 돌아볼 일이다.

룡보가 상류에 있기 때문에 공주 시내 친수 공간은 확보되어 있습니다. 때문에 금강보는 아무런 의미도 없습니다. '세계대백제전'이라는 행사 때문에 보를 만들고 있는 겁니다. 아니면 운하 계획이겠지요. 강의 역사나 생태계를 전혀 고려하지 않고 아무런 기능이 없는 보를 만들고 있어요."

곰나루 앞이다.

"이 물속에 있는 모래 자체도 문화재로 등록한 셈이에요. 문화재를 퍼내는 셈이죠. 퍼내고 또 침수시키고 있어요. 이것이 금강보의 가장 큰 역할입니다. 지난번에 공무원들이 하는 이야기를 제가 들었는데요. 공주시와 부여군은 여기에 물이 차면 배를 띄워 공주와 부여를 왕래하겠다. 그걸 관광 상품으로 만들겠다고 공공연하게 이야기하고 있습니다."

이곳 강의 3분의 2 정도가 모래사장이었다. 그 모래를 이미 다 준설했다. 곰나루는 모래사장이 드넓어 상대적으로 강폭이 좁은 곳이다. 그래서 옛 백성들이 곰나루에서 강을 건너 백제의 왕도인 부여를 숱하게 오갔다.

이 지역의 준설 작업은 매우 빠른 속도로 마무리되었다. 일제강점기에 누군가 엄청난 양의 금을 묻었다는 소문이 있었고, 준설 초기에 실제로 금이 발견되었다. 그로 인해 준설 공사는 순식간에 끝났다. 웃으며 들을 수도 없는 이 일화에서 나는 4대강 공사가 그토록 빨리 진행되는 이유를 알 수 있었다. 이 공사로 이익을 보는 소수의 무리들에게 강은, 바로 금덩어리였다. 그들에게 강은 강이 아니었던 것이다. 한반도의 젖줄인 한강, 낙동강, 금강, 영산강을 향한 골드러시였던 것이다.

다른 한편 어떤 이들은 금빛으로 반짝이는 모래 빛을 찾아 금강에 찾아온다. 공산성 앞 공주 주민들 중 어릴 때의 금강을 잊지 못하고 귀향한 사람들이 있다. 오랜 세월이 지났지만 그들은 은빛 강물과 금빛 모래를 기억하고 있었다.

"모래가 너무 고와서, 그 모래 때문에 다시 와서 살고 있다' 이렇게 이야기하세요. 우리나라가 확실히 토목 강국이에요. 저는 몰랐는데 금강 현장을 다니니까 확실히 알겠더라고요. 모래 양이 엄청난데 한 달 반 만에 끝냈습니다."

부여보 공사 현장에 다다랐다. 부여보는 금강에서 가장 큰 대형 댐이다. 부여보를 맡은 'GS건설'은 환경영향평가 과정에서 탁수를 방류하지 않는 최신식 준설선인 흡입준설선을 사용하겠다고 했다. 하지만 환경영향평가를 다시 받을 때 금강에 자갈과 돌이 많다는 이유로 일반 준설선을 사용하겠다고 발표했다.

"사실은 그렇지 않습니다. 아까 보신대로 금강은 모래강이에요. 그래서 흡입준설선을 사용하는 게 맞습니다. 그런데 최신식 준설선이 전국에 여섯 개 밖에 없는 거예요. 그게 다 낙동강에 가 있습니다. 그래서 금강까지 올 수 없기 때문에 환경영향평가 내용이 바뀌어버렸어요. 얼마나 졸속으로 행정을 추진하는지 여실히 드러난 일이죠."

유채꽃 만발한 금강변은 선사 유적지가 있는 곳이다.

아주 오래 전 우리의 선사 인류들도 이 금강의 모습을 보면서 살 만하다고 생각했을지 모른다.

그런데 이곳은 모두 '4대강 사업'이라는 이름으로 사라진다.

뭘 남기려는 것일까?

풀숲의 꿩 한 마리가 사라지는 강변 습지를 바라본다. 강변 곳곳에서 흩날리는 건설사들의 깃발을 본다.

우리 국토가 건설사들의 '밥'이 된 지 어언 반세기가 지났다. 그들의 탐욕은 이제 강으로 갔고,

다음은 어디일까? 분명 산이다. 그 다음은 어디일까? 섬이다. 그리고 또 어디일까?

부여보 일대는 우리가 걸었던 합강리 습지보다 풍성한 습지이고 자연하천이었다. 대전환경연합 홈페이지에는 〈다양한 하중도의 흔적〉(복권승 作)이라는 제목의 사진이 있는데, 이곳 풍경을 담은 것이다. 사진엔 수십 곳의 하중도와 습지가 파노라마처럼 펼쳐져 있다.

사진에서 본 풍경은 이곳에 없다. 습지는 호수가 되었다. 사라진 것은 그것만이 아니다. 우리가 서 있는 곳이 얼마 전까지 야산이었다고 한다.

"여기가 원래 평지가 아니었어요. 야산이 없어진 거예요. 전망대를 만들기 위해 산을 다 깎았어요. 여러분이 서 계신 자리는 앞으로 전망대가 들어서게 돼 있습니다."

건설사에서 마련한 홍보관으로 들어간다. 홍보관 안엔 화려한 색감의 사진과 조감도가 있다. 금강을 감시하는 로봇 물고기 모형이 있다. 이름이 '그린 피시'다. 4대강 사업 이전과 이후를 비교한 '비포 앤 애프터' 그림이 있다. '비포'는 적색, '애프터'는 녹색이다. '비포'는 황폐한 색감이다. 사업 이후의 화려함과 대조된 모습이다. 지율 스님의 '비포 앤 애프터' 사진이 떠올라 어안이 벙벙했다. 홍보관을 나와 마지막 답사지인 왕흥사지와 낙화암 강변으로 향한다.

왕흥사지 가는 길은 제방을 따라 도로가 나 있다. 제방 위를 달려 백제의 국찰 왕흥사지 앞에서 내린다. 왕흥사지는 유네스코 세계문화유산에 등록하기 위해 발굴 작업을 진행해 왔다. 유네스코는 문화재 대상지와 함께 배후 지역을 함께 등록한다. 왕흥사지의 배후 지역은

강변에 비옥한 땅을 이용해
농사짓던 이들은 포클레인에 밀려
사라졌다.
이리저리 사라지는 농지는
전체 농지 면적의 3퍼센트에 육박한다.
특히나 이곳에서 생산되는 채소류는
전국적으로 유통된다.
4대강 사업과 채소 값 폭등이
관계없다는 거짓말은 방울토마토도
웃을 일이다.

바로 백마강의 모래사장이다.

왕흥사지에서 맞은편을 바라보면 낙화암과 함께 고란사가 보인다. 백제의 왕들은 고란사에서 배를 타고 건너 왕흥사에 도착해 향불을 올렸다. 즉 이 지역 일대는 왕과 신하들이 다니던 길로 유물 조사가 필요한 곳이다. 하지만 금빛 모래 넘실대던 왕흥사지 앞 금강변의 모래는 파헤쳐져 있다.

왕흥사지 앞에서 강 건너 낙화암을 올려볼 수 있는 모래사장으로 걸어간다. 모래사장은 포클레인에 의해 파헤쳐졌다. 일행 중 한 명이 말한다.

"이곳이 제일 예쁜 구간이었는데……."

모래사장 오른편의 숲은 사라져가고 있다. 곧 사라질 버드나무들이 빗물을 머금고 있다. 왼편엔 포클레인 몇 대가 '세계대백제전'에 사용할 반원형태의 수상공연장을 만들고 있다. 이경호 씨가 말한다.

"건교부에 이곳은 조사가 필요한데 왜 훼손했냐고 물어보니까 처음에는 '문화재 구역이라 시작도 하지 않았다'고 발뺌하더니 나중엔 '수상공연장을 만들려고 준설했다'고 대답해요. 그게 아니라 단순히 준설을 위해 진행한 것입니다. 수상공연장은 핑계에 불과합니다. 저 수상공연장을 위해 준설한 것이 아닙니다."

답사 일행인 장주영 씨가 금강의 이 구간 이름인 백마강을 바라보며 15년 전 수학여행의 추억을 떠올린다.

"고란사랑 낙화암에 들렀어요. 낙화암에서 백마강을 보는데 여기가 너무 아름다운 거예요. 이 근처가 모래사장이 되게 넓었어요. 내려와서 물에서 첨벙첨벙하고 놀았는데, 그걸 기억하고 있다가 이 모습을 보니까 눈물이 날 것 같네요. 전 진짜 깜짝 놀랐어요. 여긴 진짜 아름다운 곳이었어요."

그녀가 기억하는 사라진 풍경을 막연히 상상할 뿐 나는 가만히 듣고 있었다. 답사 이끔이 강은주 씨는 이곳이 처음으로 가출해 찾아온 여행지였다고 한다. 대학에서 교양 수업 강의를 하는 권창섭 씨는 6년 전 국문과 학생이었을 때 답사여행을 왔다고 한다.

"마을 어르신들 구술도 받고 민요도 들었어요. 그때 왔던 낙화암 절경이 온데간데없으니까 눈물이 나요."

그는 교양 수업으로 맡고 있는 글쓰기 수업에서 학생들이 4대강 사업을 찬성하는 발표를 듣고 충격을 받아 직접 현장에 찾아왔다. 강의실에 돌아가 이 모습을 학생들에게 들려주겠다고 한다.

잃어버린 시간

논이
사라졌다!

2010년 11월 10일. 금강의 전북 구간인 익산시 웅포면으로 향했다. 익산은 내가 학창시절을 보낸 곳이다. 나는 몇 번 웅포에 간 적이 있다. 학교 앞에서 웅포까지 가는 버스가 있었다. 웅포 갈대밭을 거닐며 바라본 금강은 언제나 고요했다. 금강 하굿둑이 가까운 그 물에선 짠내가 났다. 웅포에서 쓴 친구들의 시에서도 짠내가 났다. 10여 년 만에 웅포로 가는 길이다.

시내버스를 타고 종점에서 내려 대붕암리에 사는 엄남섭 씨 집을 찾아갔다.

금강을 옆에 두고 너른 들녘과 아름다운 마을들이 터를 잡은 웅포면은 몇 년 전 한 차례 홍역을 앓았다. 홍역은 한 번 걸리면 재발하지 않지만 개발의 홍역은 되풀이되고 있다. 그때의 홍역은 대량의 물을 소비하고 오염물질을 내보내는 골프장 건설이었다. 익산시는 골프장과 함께 골프 학교가 들어설 것이라고 지역 주민들에게 홍보했다. 웅포면이 대학가가 되고 상권이 생긴다는 것이었다. 돈 많은 학생들이 몰려와 식당도 잘 되고 가게를 열면 돈을 벌 수 있다고 했다. 익산시는 농민들의 토지를 강제 수용해 헐값에 건설업자에게 넘겼다. 웅포면에 골프장은 들어섰지만 골프 학교는 없다. 엄남섭 씨가 골프장이 들어서기 전 겪은 일을 들려준다.

"내가 면장하고 식당에서 한번 대화를 했는데 그러더라고. 웅포면은 골프장 들어오면 안 좋다 이거야. 근데 익산시에서는 골프장이 꼭 들어와야 한다고. 세금 수입이 들어오니까. 웅포면 입장에서는 별 이득이 없다고 얘기하더라고. 사실은 윗사람을 제외하곤 별 혜택이 없을 겁니다. 그래 얘기하더라고. 결국 주민들은 빈 깡통만 차게 된 거지."

개발에 따른 이익을 기대하는 일부 주민들과 땅을 지키려는 사람들 사이에 갈등이 벌어졌다. 갈등의 골은 다시 메우기 어려웠다. 주민들이 골프장 건설에 맞서 싸웠지만 익산시는 이 지역을 관광지역으로 개발 허가를 내는 편법을 통해 골프장이 들어설 수 있게 했다. 웅포 골프장은 2006년 건설되었고, 서울에서도 VIP 회원들이 찾아오고 있다. 하지만 이들이 웅포면에서 소비를 하는 일은 드물다고 한다. 농지를 잃은 주민들은 비정규직 노동자가 되어 골프장에서 경비를 서거나 잡부로 취직해 잔디를 관리하는 등의 일을 하고 있다.

엄남섭 씨는 4대강 사업의 문제를 잘 이해하고 있었다. 농어촌공사에서 소장으로 일한 경험 때문이다. 그는 공사에서 정년퇴직 후 고향 마을인 대붕암리에 돌아와 5년째 살고 있다. 그가 자신의 일터였던 농어촌공사에 맞서 싸우게 된 것은 몇 주 전의 일이다. 마을 논으로 덤프트럭이 오기 시작했다. 금강의 준설토를 실은 차였다. 그는 논으로 들어가는 입구 도로에서 맨몸으로 덤프트럭을 막아섰다.

"처음 농지 리모델링한다고 했을 때 약속은 흙을 좋은 놈으로만 쌓아준다고 했어. 언제든지 맘에 안 들면 돌려보내도 된다고. 모래 넣는다는 얘기는 하지도 않았고. 그런데 경작자에게 양해도 없이 모래 가지고 오더라고. 한번 잘못해놓으면 논을 영원히 버리는 것이다, 그러니까 절대로 못하겠다 그랬어."

농지에 약간의 흙을 쌓은 후 모래를 가져온 것이다. 그가 트럭을 막자 뒤따라오던 덤프트럭 스무 대 가량이 멈춰 섰다. 운전기사들이 그를 들어 길에서 밀어냈다. 그는 외쳤다.

"절대 못 들어가. 니들이 더 하려고 하면 길을 봉쇄시키겠다."

농어촌공사 직원들과 건설회사 직원들이 찾아왔다. 자신이 근무했던 회사 직원들을 보자 기가 막혔다. 그들이 간곡하게 사정하며 그날 가지고 온 모래만이라도 붓게 해달라고 요청했다. 그는 단호했다. 관계 때문에 얼렁뚱땅 넘어갈 문제가 아니었다.

"아니여. 싣고 돌아가. 절대로 못혀."

문제가 불거지는 것을 우려한 공사 관계자들이 돌아갔고 차량도 방향을 돌렸다. 그 후 보름 동안 준설토를 실은 덤프트럭이 오지 않았다. 그는 마을 사람들을 찾아다녔다. 하지만 대부분 남의 땅을 빌려 농사짓는 임대농이었다. 땅을 소유한 사람들은 관심을 두지 않았다. 마을엔 노인들이 많아 싸울 힘들이 없었다. 농어촌공사에 가서 시위를 벌이려 해도 함께할 사람이 적었다. 이 과정을 거치며 농촌의 현실을 깨달았다.

"농촌은 그것이 문제드만. 싸울라고 하면 사람이 없어. 일흔 여든 먹은 사람들이 먼 심이 있어? 대화를 해볼라니까 얘기할 사람이 나보다 나이가 많은 세 사람밖에 없어. 정부에서 몇 사람만 해결하면 아무것도 아니드라고."

고향을 떠나 있는 동안 젊은이들이 하나둘 사라졌다. 마을은 젊은이들과 아이들이 없는 반 토막 공동체가 되어 있었다. 노령화된 마을 주민들은 한마디로 '만만한' 상대였다. 게다가 집성촌이 대부분인 농촌 마을은 긴밀한 유대관계로 연결되어 있어 유지 몇 명만 매수하면 땅을 수용하는 일은 식은 죽 먹기였다. 농민들이 자신들의 삶터와 생존권을 송두리째 잃어도 망연자실 바라볼 수밖에 없는 것은 그가 깨달은 농촌의 현실 때문이다. 엄남섭 씨는 결국 '좋은 흙'으로 1미터를 복토해주겠다는 약속을 받아들이는 선에서 타협할 수밖에 없었다.

이 마을 논은 15년 전 경지 정리를 했다고 한다. 농지 리모델링 사업은 애써 경지 정리된 논을, 강에서 퍼낸 준설토를 활용해 땅을 메워

청보리 밭은 수확도 해보지 못하고 뭉개진다.

마지막 농사라며 힘들여 심었을 보리는 울고 있다.

무엇을 위해 이런 거대한 폭력을 휘두른단 말인가?

자본의 비인간성에 강이 함께 운다.

1997년, 미국 공화당 대통령 후보로 나선 바 있는 애리조나 주 상원의원 배리 골드워터는

'20세기식 하천 관리'의 종결을 보여주는 이정표와 같은 말을 남겼다.

과거 콜로라도강의 글렌캐니언댐 건설을 강력하게 옹호했던 그는

"만약 지금이라면, (댐 건설에) 찬성하겠는가?"라는 질문을 받자 이렇게 대답한다.

"이젠 반대할 겁니다. 댐을 세우면 잃을 게 너무 많아요."

콜로라도강 보존에 로버트 레드포드와 같은 유명인도 뛰어들었다.

다시 논을 만드는 일이다. 이 사업의 목적은 농지를 하천보다 높게 해 저습지의 침수를 예방하는 것이다. 습지의 중요한 역할을 차치하고라도 침수 걱정이 없는 지역에서도 농지 리모델링 사업이 진행되고 있다.

국토해양부는 환경영향평가를 하면서 강바닥의 퇴적토 오염 여부를 조사하지 않은 것을 조사했다고 발뺌하다 결국 시인한 적이 있다. 다른 부분의 환경영향평가에서처럼 짧은 기간 졸속으로 조사한 것이다. 낙동강에서는 수십여 년 강바닥에 묻혀 있던 중금속으로 오염된 오니토를 농지 리모델링 현장에 부었다. 전국에 걸쳐 강바닥의 알 수 없는 오염원들이 비옥한 농지에 쌓이고 있다. 강에서 가져온 퇴적토들은 먹을거리를 위협하고 있다.

농수로와 도로를 새로 만들어야 하는 등 4대강 사업 못지않은 예산이 들어가는 농지 리모델링 사업이 충분한 조사와 검토 없이 빠른 속도로 진행되고 있다. 끝없이 퍼붓는 예산으로 국민의 혈세는 낭비되고 토건업자들은 배를 불리고 있다.

정부는 농민들에게 2년 치 손실보상금을 주고 있다. 내가 만난 농민들은 땅이 제 역할을 하기까지는 적잖은 시간을 필요로 한다며 2년 후 바로 농사를 지을 수 있는 것이 아니라고 말했다.

금강 주변의 많은 농민들은 농지 리모델링 사업으로 농사에서 손을 떼고 있고, 금강 옆의 하천부지 수용으로 농지를 잃고 농사짓지 못하고 있다. 하천부지의 농민들 대부분은 4대강 사업과 함께 삶터를 잃었다.

사유지를 가진 농민들도 쫓겨나긴 마찬가지다. 경작지를 잃은 마을 주민을 만나고 싶었다. 엄남섭 씨가 이 마을에 사는 엄기순 씨를 소개한다. 연락을 받은 엄기순 씨가 오토바이를 타고 찾아왔다. 그는 흥분을 감추지 않는다.

"웅포대교 밑에 수십만 평이 몰수됐잖아. 다 끝났어요."

엄기순 씨는 내가 그를 도와줄 수 없는 인물이라는 것을 알고 있었다.

"선생님이 대책을 세워줄 만한 입장도 아니고. 우리 요구대로 되는 게 없어요. 우리의 고초를 해결할 대안이 있으믄 모르겠지만 그렇지 않으면 말해서 뭐혀?"

나는 문제를 해결하기 위해서 온 것이 아니라 농민들이 겪는 일을 들으러 왔다고 대답했다.

"여론 수집하는 거잖아. 이미 몰수돼서 다 끝났는데."

그러면서 일러준 한 농민의 이야기가 충격적이다.

"최근에 성당면에서 벌어진 일이야. 수확을 며칠 앞두고 있는 하천부지를 밤에 몰래 와서 불도저로 싹 밀어버렸어. 싹 헤쳐부렀어. 농사짓지 말라고 했는데, 2년치 영농손실보상금을 받았는데 왜 지었냐면서. 자기가 짓던 땅이고 사업도 안 하고 놀고 있으니까 뭘 심었단 말이야. 정부에선 그동안 내비둬 버렸어. 없앨라면 처음에 없애야지. 국가에서 하지 말라고 했으면 하지 말아야지, 했다고, 괘씸하다고 그런 것이지.

아무리 국가시책이고 해도 민주사회에서 있을 수 없는 일을 했어."

땅은 국가 소유일지라도 그 땅에서 자란 곡식은 한 해 동안 농민의 피와 땀이 서린 사유재산이 아닌가? 농민의 저항을 피해 한밤중에 몰래 수확을 앞둔 농토를 갈아엎은 몰염치에 체머리를 흔들었다.

그에게서 들을 수 있는 이야기는 그것으로 끝이었다. 엄기순 씨는 고충을 처리해줄 수 없는 사람과 더 얘기하고 싶지 않다며 오토바이를 타고 사라졌다. 엄남섭 씨가 위로하듯 말한다.

"저런 식으로 하면 민주화도 안 돼야. 이뤄질 줄 알고 데모하나? 안 이뤄질 줄 알면서도 맞아가면서도 내 주장을 해야지. 때린다고 포기해불면 영원히 주권을 못 찾아. 지금은 못 찾지만 나중에라도 찾을 수 있는 희망이 있잖아. 손자 때라도 억울한 거시기 안 당할 수도 있고. 패배주의적인 생각을 가지면 세상에 바뀌는 건 하나도 없어."

전설처럼
들려온다

금강 제1공구 공사 현장을 직접 관찰하기 위해 밖을 나선다. 엄남섭 씨의 차를 타고 웅포면의 들녘 좁은 농로를 한창 달려 제방 앞에 도착한다. 공사현장에 들어가려 하는데 '접근 금지' 표지판이 앞을 가로막는다. 엄남섭 씨가 우리 앞에 펼쳐진 너른 들녘을 보면서 말한다.

"여기는 심어놓은 벼를 밀어버렸어. 전에 '전주MBC'에서 왔더라고. 내가 대놓고 그랬어. 당신 이거 백 번 찍어가 봐야 기사 못 낸다. 당신 시청 들어가지? 시청에서 보도국에 전화하면 안 내보내야. 이거 내보내고 싶어도 짤려. 나오가니? 안 나와."

방송국 기자는 그럴 리 없다며 꼭 방송에 내보내겠다고 말했다. 하지만 그날 취재한 내용은 방송을 타지 못했다. 지역 정·관계로부터 자유롭지 못한 지역 언론들은 4대강 사업을 비판하는 기사를 내보내지 못하고 있다.

들녘을 빠져나와 웅포대교로 이동한다. 입구에서 내려 다리를 향해 걷는다. 공사 현장의 모습은 다른 강과 다르지 않다. 황금빛 들녘 대신 흙과 모래뿐인 사막이다. 다리 위에서 강을 내려다본다. 하천 옆 농지는 파헤쳐져 있고 강 한가운데에선 가물막이를 하고 물을 퍼내고 있다. 수십여 대의 삽차와 불도저, 덤프트럭이 오간다. 내가 보았던 웅포의 아름다움은 찾을 수 없다.

대붕암리를 향해 발길을 돌린다. 엄남섭 씨가 철새 도래지인 이곳에서 오리들이 사라진 때는 금강 하굿둑이 생긴 후부터였다고 알려준다.

"옛날엔 오리들이 꽥꽥거리는 소리가 집에서도 들렸어."

그의 집은 웅포강변에서 2킬로미터 떨어져 있다. 그 먼 거리에서도 오리들이 주고받는 말을 들으며 어린 시절을 보냈단다. 하굿둑은 그 소리를 거두어갔다. 먹이도 없고 쉴 곳도 없는 웅포에서 오리들은 죽거나 발길을 돌렸다. 하굿둑이 없을 때 밀물과 썰물이 오가며 생긴 뻘밭은 마르고 사라졌다. 철새들은 숫자가 줄어들었다. 갈대밭도 사라지고, 그 많던 기러기도, 하천 갈밭에 사는 주먹만 한 갈게도, 뻘밭의 생명들도 사라졌다. 옛적엔 갈게를 잡기 위해 충청남도 강경 사람들이 찾아왔다고 한다. 경운기 가득 갈게를 싣고 떠나던 사람들의 모습은 먼 과거가 되었다.

이해는 못했지만, 사랑했던 사람들은 모두 죽었다. 그러나 난 아직도 그들과 교감하고 있다.

어슴푸레한 계곡에 홀로 있을 때면 모든 존재가 내 영혼과 기억, 그리고 빅블랙풋강의 소리,

낚싯대를 던지는 네 박자 리듬, 고기가 물리길 바라는 희망과 함께 모두 하나의 존재로 어렴풋해지는 것 같다.

그러다가 결국 하나로 녹아든다. 그리고 강이 그것을 통해 흐른다.

(영화 〈흐르는 강물처럼〉 중에서)

"그때는 갈대밭 속에 게가 그렇게 많았어. 잡으면 다 들고 나오덜 못하니께. 물이 들락날락 안 하니까 갈대도 다 죽어버린 거여."

엄남섭 씨는 금강 하굿둑을 열어 바닷물이 드나들어야 철새도 오고 미생물도 산다고 한다. 그런데 4대강 사업은 금강에 여러 개의 보를 세워 강의 흐름을 막고 있다. 하굿둑 여러 개가 동시에 생기는 것이다.

"강이 지금처럼 호수화가 되면 첫째로 물이 썩고 서식하는 동식물이 싹 없어져. 물이 있는 데하고 육지하고 구분돼버리거든. 뻘이 없어져버리잖아. 물고기도 뻘이 있어야 근처에다 산란을 하는데. 갯벌이 있어야 철새들도 낮에 거기서 쉬고 밤에 먹이활동을 하는데 쉴 디가 있어야지. 호수가 되면 싹 죽어버려요. 하굿둑 생긴 뒤로 멸종된 물고기 종류가 내가 알기로도 대여섯 가지 이상이 돼요. 붕어랑 메기도 무지하게 줄어불더만. 잉어는 많이 생기더라고. 게와 갯지렁이, 재첩, 짱뚱어, 뱀장어는 싹 없어져버렸어. 참게 종류 없어진 것이 무지하게 많아. 갯벌이 없으니까 안 오는 거여."

그는 강을 살리는 길을 잘 알고 있었다.

"어제 서울 가면서 옆에 탄 사람하고 얘기를 했는데 왜 강을 건드냐, 이 얘기여. 샛강을 살리면 강은 그냥 살아나. 대전은 시내 한가운데로 갑천이 흘러서 금강으로 들어온단 말이야. 논산은 논

저 왜가리의 처지를 이해해 보자.

기계적 공리주의로 신자유주의를 찬양하고 '개발만이 살길이다'라고 외치는 이들에게

저 왜가리는 유령일 뿐이다.

생명이 생명으로 받아들여지지 않은 사회는 불행하다.

산천으로 해서 금강으로 떨어지고. 그 폐수가 금강으로 떨어지는 거야. 소하천을 잘 정비하면 금강은 그냥 살아나. 생활 폐수, 공장 폐수, 축산 폐수가 흘러 들어오는데 원인 제공하는 것은 놔두고 강만 파서 뭘 살려? 시화호도 터놓으니까 자연적으로 살아나잖아."

엄남섭 씨는 농어촌공사에서 일할 때 방조제 건설을 기념해 직원들과 함께 시화호를 견학한 적이 있다. 시화호는 둑을 건설한 이후 해수 유통이 단절되어 물이 썩기 시작했다. 가로막은 물길을 열자 시화호는 다시 살아났다. '꽃다지'의 〈난 바다야〉는 시화호 방조제에 갇혀 바다로 돌아가지 못하는 바다를 노래한다.

> 다시 바다로 돌아가지 못하는 시간들
> 방조제 너머의 너는 진정 나인지
> 이 안에 갇혀버린 나는 진정 바다인지
> 다시 갯벌로 돌이키지 못하는 세월들
> 더 이상 너에게 내 숨결이 닿을 수 없고
> 여리고 여리던 속살도 딱딱히 굳어버렸어
> 난 그렇게 또 숨이 막혀 아프기 시작했어
> 하지만 썩어가면서도 난 포기하지 않았지
> 난 바다야 난 바다야 난 바다야
> 굳은살에 새살 돋는 난 살아있는 바다야

엄남섭 씨와 헤어져 익산역으로 가고 있다. 금강에 서린 비극은 일제강점기에 수탈의 기지였던 군산항과 금강 하굿둑으로 상징된다. 전자는 이 지역 민중들의 수난이었고, 후자는 강의 수난이 컸다. 4대강 사업은 강과 민중들의 삶을 송두리째 뿌리 뽑고 있다.

언젠가 어머니께서 들려주신 이야기가 생각난다. 엄마 어릴 적엔 하늘에 별이 눈부시게 많았다고. 별들이 갈수록 줄어든다고. 하늘도 하늘색이 아니라 쪽빛이었다고 말씀하셨다. 별들이 왜 줄어들었을까? 누가 가져간 것일까? 어머니가 본 쪽빛으로 시린 하늘을 볼 수 없는 땅, 하늘에 나는 살고 있다. '엄마의 하늘'을 혼자서 상상하는 밤이다.

책상 위에 앉아 글을 쓴다. 아득한 거리에서 오리들의 꽥꽥거리는 소리가 들려온다.

영
산
강

옛 사람들이 강을 다스리기 위해 쌓은 제방과 숲인 관방제림에서 영산강을 봤다.

이 강이 죽었다고 하는 이들에게는 강이 죽은 것으로 보일지 몰라도 내 눈에는 인간의 잘못을

스스로 정화하려는 강의 의지만 보인다.

강의 죽음

영산강 피난기

지방선거를 마친 후인 2010년 7월. 장마를 앞두고 영산강으로 향한다. 선거의 주요 쟁점 중 하나는 4대강 사업이었다. 선거 결과 여당은 대부분의 지역에서 권력을 잃었다. 그러나 선거를 마친 후에도 공사장의 포클레인은 멈추지 않았다. 지방선거 후 야당의 일부 지역단체장은 4대강 사업을 찬성한다는 뜻을 내비쳤다. 그중 한 명은 박준영 전남도지사다. 전라남도는 보건설, 하도 준설, 생태공원 등의 친수 공간 조성 외에 영산강 주변에 영산포구 재개발, 컨벤션 타운 건설, 나루 내륙항 건설, 실버타운, 은퇴자 시티, 수상호텔, 산업단지, 국제농수산물 물류기지를 건설하겠다는 청사진을 제시했다.

영산강 이름의 유래 중 하나엔 고려 민중의 애환이 서려 있다. 공민왕 시

영산강이 흐르는 광주·전남 지역에는 독특한 지역 정서가 흐른다.

영산강은 썩었고 공사는 진행되어야 한다고 한다.

영산강을 살리기 위해 공사를 해 달라 한다.

민주당이 외치는 '4대강 사업' 반대와 지역 정서는 어긋나 있다.

절 일본의 해적들이 흑산도 앞바다에 출몰했다. 백성들은 고향을 떠나 나주 남포강가에 피난했고, 그곳을 영산현이라 불렀다. 영산은 백성들이 원래 살던 흑산도에 딸린 섬 영산도에서 가져온 이름이다. 사람들은 포구를 영산포라 부르고 홍어를 잡기 위해 영산강을 따라 오갔다. 영산강의 이름은 영산포에서 유래되었다. 지명에 서린 민중의 수난은 '영산강 살리기 사업'이라는 이름으로 되풀이되고 있다. 지금은 피난할 수 없는 뭇 생명들에게도 재앙이 덮치고 있다.

구부러진 강을 반듯하게 펼치는 영산강의 직강화 사업은 일제 강점기 때부터 시작되었다. 너른 평야에 물줄기를 대며 구불구불 흘러가던 영산강은 제 모습을 서서히 잃어가고 길이가 줄어들었다. 강은 농경지가 되고 우각호가 되었다.

영산강엔 승촌보와 죽산보 두 개의 대형 댐이 건설되고 있다. 보 공사는 삼성중공업(죽산보)과 한양건설(승촌보)이 맡고 있다. 우리 곁에서 떠나고 있는 강 대신 들어설 새로운 강의 이름은 삼성강과 한양강이다. 4대강 전역에 걸쳐 강은 제 모습을 잃고 현대강, 대림강, 대우강, GS강, SK강, 두산강, 포스코강으로 바뀌고 있다.

광주시를 지나 영산강과 황룡강의 합수머리에 도착했다. 나무의 가지 같은 두 개의 물줄기가 한 곳으로 모이고 있다. 한 그루 나무처럼 보인다. 길과 강 사이 주황색 피드럼이 세워져 있다. '위험 발파 중'이라는 글씨가 적혀 있다. 노란색 표지판엔 '접근 금지'라고 쓰어 있다. 접근이 금지된 선을 넘어 공사현장을 밟는다.

가까운 곳에 하중도가 보인다. 걸음을 내디딘다. 거의 다다라서야 하중도가 아닌 것을 깨닫는다. 강바닥 준설을 위해 가물막이용으로 쌓아둔 듯

다리 대신 준설토를 밟고 강을 건너는 주민을 보면 허탈하다.

강은 막혀 있고 썩어 들어간다.

공사 때문에 강이 썩어 가는데도 원래 그러했으니 상관없다는 것일까?

한 모래더미를 하중도로 착각한 것이다. 그 위에 풀이 자라 있어 감쪽같이 속은 것이다. 허탈했다.

공사장 일꾼이 모래가 일(一) 자로 길게 쌓여 있는 곳을 가리키며 강의 끝 선이라고 한다. 그곳 너머 하천 둔치까지 강폭이 넓어진다. 어디를 강이라 불러야 할지 난감하다. 물이 흐르는 강이었던 곳이 강 아닌 곳이 되고 농지는 강이 되는 것이다. 4대강 사업은 강을 강 아닌 것이게 하고, 강 아닌 곳을 강이게 한다.

승촌보 공사 현장 입구에서 내려 다리를 건넌다. 돌다리인 학산교다. 학산교는 광주시와 나주군의 경계에 세워져 있다. 댐이 건설되면 관리수위보다 낮아지는 이 다리는 철거될 것이다. 승촌보의 공정률은 현재 20퍼센트다. 기단이 올라가 있다. 최근에 내린 비로 강에 물이 가득 찼다. 수면 아래 모습을 알 수 없다. 보를 제외하면 평화로운 풍경이다. 파헤쳐진 강의 몸을 보지 않는 일이 차라리 마음 편한 일인지도 모른다.

2009년 11월 22일 이명박 대통령은 4대강 중 가장 길이가 짧고 규모가 작은 영산강의 승촌보에 와서 기공식을 했다. 박준영 도지사와 박광태 광주시장이 참여한 자리였다. 환경운동가 최지현 씨(광주환경운동연합)가 'MB어천가'의 유래를 설명한다.

"승촌보 기공식 때 대통령을 과도하게 찬양해 '박준영 도지사 MB어천가'라는 신조어가 생겼습니다. 이쪽 지역은 민주당이 꽉 잡고 있으니까 여론 움직이는 것까지 마음만 먹으면 민주당이 다 할 수 있어요. 여론을 좌지우지하는 세력들이 그런 입장을 표명하고 있으니까 문제죠."

승촌보는 2009년 11월 10일 착공했다. 주민들에게 토지 수용 공문을 보낸 시기는 공사 5일 전이었다.

"주민들은 많아야 한두 평 수용한다고 생각했는데 느닷없이 전체가 수용될 거라고는 꿈에도 생각하지 못한 거죠. 공문을 받고서야 주민들이 부랴부랴 회의를 한 거예요. 저희도 물론 몰랐고요."

제방 아래 푸른 돌미나리 밭이 펼쳐져 있다. 가난하던 마을 주민들은 돌미나리를 재배하면서부터 형편이 나아졌다. 이 마을에서는 가락시장에서 판매되는 돌미나리의 60퍼센트를 공급하고 있다. 마을을 둘러보았을 때 일부 땅을 제외한 대부분의 땅에서 돌미나리가 자라고 있었다.

주민들은 돌미나리와 함께 영산강변 하천부지에서 논농사를 지어왔다. 너른 들녘은 4대강 사업과 함께 국가에 수용되었고 농민들은 일터를 잃었다. 영산강은 1990년대 초반부터 2009년까지 진행된 치수 사업으로 농지를 수용하고 하천을 정비했다. 1,000억여 원이 투입된 사업이었는데 4대강 사업을 통해 다시 정비하면서 세금을 이중으로 낭비하고 있다. 그때는 적어도 5년에 걸친 환경영향평가 기간이 있었다. 2010년 11월 6일 다시 이 마을을 찾았을 때 만난 박금안 할머니는 오랫동안 농사짓던 하천부지의 논을 잃게 된 일을 하소연했다.

"등기 없는 땅이라 돈 내면서 살았는디 벌어먹는 땅을 파가븐디 죽겄제 지금. 보상은 많이 주도 안 해. 국가 하천으로 벌어먹고 사는 사람들은 인자 아무것도 없어져부렀지. 땅도 하나도 없지. 어따가 빌려?

영산강 제방 아래 논에는 강에서 걸어 올린 준설토가 가득하다.

그리고는 푸른색 위장막을 쳐놓아 멀리서 보면 푸른 논처럼 보인다.

건설사 말로는 비로 인한 토사 유출을 방지하기 위함이라는데,

정말 그러한가?

논 빌릴 데가 없어. 농사 못 지고 산께 죽겠제."

봉호마을은 부농마을로 알려져 있지만 할머니처럼 사유지가 없는 분들이 많다. 할머니는 하천부지에 논농사와 돌미나리 농사를 지어왔다. 10년 전 돌미나리 농사를 지은 후부터 형편이 조금 나아졌다고 한다. 이번에 보상받은 돈으론 새 농지를 살 형편이 못 된다. 자녀들에게 해마다 보내주던 쌀도 올해부턴 보내줄 수 없다.

"쌀 보내는 건 둘째 치고 나 먼저 쓸 것이 없어져 부렀어. 글고 순경들이 날마다 쳐들어와. 순경들이 반대하는 사람 잡으러 온 거제."

경찰들이 마을을 돌아다니며 4대강 사업을 반대하는 주민들을 설득하고 홍보하는 일을 두고 하는 말이다. 한번은 경찰버스가 왔을 때 주민들이 마을 회관 화장실을 사용할 수 없게 문을 잠갔다. 할머니는 아무리 미워도 똥도 못 누게 하는 것은 도리가 아니라며 직접 열쇠를 끌러 열어주었다. 자신의 생존권을 빼앗은 공권력이라는 생각이 들 법도 한데 사람의 도리를 잃지 않는 농심에 절로 고개가 숙여졌다.

제방 아래 미나리 밭은 공원이 들어서는 자리다. 미나리 밭을 가로지르며 공사구역을 표시한 빨간 깃대가 꽂혀 있다. 마을에 낯선 사람들이 보여서인지 할아버지 한 분이 나와 계신다. 그가 보 공사장을 바라보며 말한다.

영산강 둔치를 포클레인 한 대가 부지런히 깎는다.

언제나 깎아낼까 하지만 공사 속도는 하루가 다르고 한 주가 다르다.

아마도 봄이 오면 저 둔치는 사라지고 없을 것이다.

황룡강과 영산강 합수지점 근처에 승촌보가 공사 중이다.

공사장은 황폐하고 강은 황톳물이 되어 흐른다.

멀리 사라진 둔치는 매끈한 제방이 되어 콘크리트로 뒤덮일 것이다.

무엇이 좋은 것인지 아는 사람만 아는 것일까?

한강의 콘크리트 제방을 좋아하는 이가 없는데 왜 전국의 강을 그리 만들려 하는 것일까?

"나라가 하는 일인데 어떻게 막아요? 그런데 이렇게 공사를 크게 할진 몰랐재."

아마 작은 크기의 수중보가 들어설 줄 알았나보다. 절로 입이 벌어지는 거대한 댐이 들어서리라곤 예상하지 못했을 것이다. 한강과 낙동강을 답사하며 지역 주민들에게 가장 많이 들었던 말을 여기서 다시 듣는다.

"나라가 하는 일인데……."

나라가 하는 일을 거스르면 무슨 일을 당하는지 농민들은 경험으로 잘 알고 있다. 아무리 억울한 일을 당해도 나라가 하는 일이니까 복종해야 하는 것이다. 광주가 가까운 이 지역 사람들은 1980년 5월 무슨 일인지 벌어졌는지 당시에도 잘 알고 있었다. 봉호마을에서도 내가 만난 주민들은 나라의 눈치를 보며 한참을 뜸을 들인 후에야 조금씩 입을 열었다. 주민 앞엔 나 외에 '나랏님' 한 분이 옆에 서서 듣고 있다는 듯한 태도였다.

환경운동가 임창옥 씨(목포환경운동연합)는 전라남도 도청 앞에서 27일째 농성을 벌이고 있다. 그가 홍수 조절지로 지정된 마을 주민들의 소식을 전해준다.

"노인 분들 하시는 말이 20년 전 주암댐 만들 때 수몰민이 돼서 이주를 왔는데, 20년 만에 또 쫓겨난다며 늙으면 빨리 죽어야 하는데, 라고 말해요. 나이 드신 분이 농촌에 많다보니까 젊은 사람들이 대리농작을 하는 분들이 많습니다. 걔네들이 보상금 떨어지니까 나서지 마시

광주시와 나주군 경계의 학산교를 한 노인이 지난다.

이 다리는 조만간 보로 인해 수위가 올라가 철거될 예정이다.

주변은 노인이 살아온 생애보다 더 많이 변할 것이다.

이 나라 백성으로 살아가기도 힘든 노릇이다

오, 나서지 마시오, 해서 이주해서 맘 모아서 살아온 마을이 분열되었다고 해요."

'영산강 살리기 사업'의 주요 목적 중 하나는 홍수 예방이다. 임창옥 씨는 영산강 하굿둑을 만든 이후 현재까지 홍수가 난 적이 없다고 주장한다. 1989년 영산포~나주 구간에서 홍수가 난 적이 있지만 강의 범람이 아니라 둑이 터진 것이 원인이라는 것이다.

"작년 7월 50년 만에 집중호우가 왔을 때 나주, 화순, 무안군 일대 약 236제곱킬로미터가 물에 잠겼어요. 그때 제가 인터뷰를 해서 잘 아는데 원인이 내수 배제 불량입니다."

재난 관리 본부에서 발표한 원인도 다르지 않다. 농수로를 충분히 확보하지 못한 상황에서 갑자기 비가 쏟아져 강으로 흘러야 할 물이 농토에 넘치게 된 것이다. 경작지를 넓히기 위해 농수로를 좁게 만든 것이 침수를 부른 것이다.

현재 이곳엔 물이 가득하지만 평소엔 물이 적은 지역이다. 강수량이 많은 여름, 비가 쏟아지면 학산교가 잠길 만큼 물이 가득 찬다. 최지현 씨는 우리나라 강의 특성상 운하가 맞지 않는 이유를 설명한다.

"영산강 주요 물줄기 상류에 네 개의 댐을 만들면서 물이 줄어들었어요. 우리나라 하천 특성이 여름철에는 비가 한꺼번에 많이 와요. 봄·가을에는 가물고. 일기 조건, 지형적 조건이 맞지 않는 거죠."

마을 주민들은 댐 공사 이후 높아질 수위로 인한 피해를 우려하고 있다. 2010년 3월 대한하천학회는 승촌보가 건설된 후 농경지 침수 피해 면적이 여의도 세 배 크기에 달할 것으로 분석했다.

"두 개의 물통에다 물을 넣고 빨대를 연결하면 수심이 같아지지 않습니까? 가물막이 공사를 하니까 지하수에 영향이 가서 벌써 물이 펑펑 나오고 있답니다. 원래 물이 잘 안 나오는 곳인데. 주민들은 불안하다는 거죠. '물 폭탄' 감옥에 사는 거죠."

임창옥 씨의 말이다. 승촌보 일대는 습지가 될 가능성이 높다. 문제가 발생할 때마다 복원공사를 하게 되고, 이는 건설사에게 마르지 않는 샘이 될 것이다. 그 샘물은 국민들의 세금이다.

살아 있는 강으로 다시 태어난다.

영산강은 죽었다가 살아나는 강인가 보다.

이제 식수로도 사용되지 않는다는 이 강에 공사만 마치면 1급수가 흐른다는 것인가?

강이 물이 아니라 '정치놀음'이 흐르는 것 같다.

푸조나무에게
듣는다

승촌보를 떠나 영산강에 건설될 또 하나의 대형 댐인 죽산보로 이동했다. '영산강 살리기 2공구 다시지구 사업' 표지판이 우리를 맞이한다. 그 옆 '하천 내 쓰레기 불법투기 경고' 표지판엔 '하천환경이 몸살을 앓고 죽어가고 있습니다'라는 문구가 쓰여 있다.

죽산보는 2010년 2월 배수로 관로가 막히면서 물이 역류했고, 공사장 주변의 보리밭이 침수되면서 농민들이 피해를 입었다. 죽산보는 승촌보와 달리 배가 드나드는 통로인 통선문을 만들고 있다. 이 통선문을 통해 목포에서 승촌보까지 배가 운항하게 된다. 죽산보는 중간 통로가 되는 것이다. 다른 곳과 다르게 영산강 사업이 운하 사업임을 밝히고 있다.

4대강 사업의 목적이 운하 건설인 것을 모르는 이는 없지만 놀랍게도 정부는 현재까지 이를 부정하고 있다. 정부에서 운하사업을 '4대강 살리기 사업'이라는 말장난으로 언어도단을 하듯, 영산강도 '뱃길 복원 사업'이라는 명칭으로 '운하'의 어감이 주는 부정적인 국민들의 정서를 피하고 있다. 전남도지사는 "영산강의 옛 모습을 되찾자는 것이지 운하와는 아무 관계도 없다"고 말했다. 4대강 사업에 대한 정부의 입장과 판박이 꼴이다. 누가 말장난을 더 잘하는지 정부와 지자체가 서로 내기를 하는 듯하다.

나주 지역 주민들 중 일부는 배가 드나들어야 영산포가 번영한다고 생각한다. 조류가 밀물일 때 목포 앞바다에서 영산포까지 황포돛배가 드나들던 추억이 있기 때문이다. 바닷물을 따라 어선이 들어왔고 영산포는 물류집산지가 되면서 나주와 영산포가 번영하던 시절을 지역민들은 기억하고 있다.

현재까지 남아 있는 국내 유일의 내륙 등대가 영산포의 전성기를 증명하고 있다. 영산포는 하굿둑이 건설되면서 뱃길이 끊기고 90여 년 동안 운행되던 호남선의 영산포 역사가 철거되었다. 이농으로 광주는 대도시가 되어갔고, 다른 지역들처럼 나주와 영산포는 쇠락해갔다. 전라도라는 지명이 대표적인 도시 전주와 나주에서 따온 이름이라는 말은 옛말이 되었다. 최지현 씨가 옛 영산포구 풍경 사진을 보여준다. 흑백사진 속에 등대가 보이고 홍어잡이 배들이 포구에 정박해 있다.

영산강 하굿둑을 그대로 둔 채 배를 운항하려니 인공적으로 댐을 만들고 있다. 최지현 씨가 대다수 지역 주민들의 여론을 전한다.

"도로가 발달되지 않은 시절엔 물류수단으로 배들이 경쟁력이 있었죠. 지역민들이 원하는 뱃길은 하굿둑이 없을 때 굽이굽이 자연스럽게 흘렀던 강이에요. 그때의 강이 훨씬 좋았다고 말씀하세요."

2000년 전라남도는 '영산강 옛 모습 찾기 타당성 조사'를 했다. 이름은 그럴듯하지만 운하 타당성 조사였다. 영산강에 운하를 건설했을 때 경제적 수익성을 따지는 조사였다. 부정적인 결론이 나왔다.

"그래서 전라남도에서는 더 이상 영산강에서 뱃길을 이야기하지 않겠다고 했거든요. 회의에 참여한 공무원이 그렇게 말을 했어요. 그런데 '한반도 운하'가 나오면서 다시 영산강 운하도 재개가 된 거죠."

임창옥 씨가 이틀 전 간담회에서 농어촌공사 직원들에게 들은 이야기를 전해준다.

"뱃길을 운항하는 배가 약 100톤 규모의 범선이라고 해요. 그러니까 옛날 범선이 아니죠. 그 배가 관광효과가 없어요. 죽어가는 강을 누가 유람해요?"

그는 배의 운항은 수심 2미터로도 충분하다고 한다.

"수심이 얕은 곳들만 부분적으로 해도 뱃길이 복원돼요. 5미터를 준설할 이유가 없어요. 돈이 들어온다고 생각을 한 거죠. 국민의 정부, 참여 정부 때도 안 준 돈이니까. 중요한 것은 영산강의 수질입니다. 여러분이 관광객 입장에서 물이 더러운데 배를 타겠어요?"

차를 타고 영산강이 바다에 닿는 하굿둑으로 가고 있다. 차창 밖으로 비가 오다 말다 한다. 차는 하굿둑 위로 난 도로를 달리고 있다. 하굿둑의 길이는 4킬로미터가 넘는다. 한참을 달려야 맞은편 끝에 닿을 수 있는 댐의 규모에 놀란다.

하굿둑을 가로질러 물가에 다가간다. 바람이 세차게 분다. 비가 퍼붓는다. 멀리서 바람에 실려 온 악취가 이맛살을 찌푸리게 한다. 호수를 들여다본다. 바닥엔 녹조가 끼어 있고 부유 물질이 거품처럼 떠 있다. 속이 들여다보이지 않는 죽은 호수, 죽은 강은 까맣다. 사진기록자들이 배를 뒤집은 채 물 위에 떠 있는 물고기를 발견한다. 죽은 물고기는 입을 벌리고 있다.

정부는 영산강 1단계 사업을 1973년부터 1978년까지 벌였다. 이때 영산강 상류의 주요 물줄기에 장성댐, 담양댐, 광주댐, 나주댐을 만들었다. 영산강 2단계 사업은 1978년 공사를 시작해 1981년 12월 8일 완공된 영산강 하굿둑 건설이다. 그때부터 영산강은 2억 5,000만 톤의 물이 담긴 인공호수 영산호가 되었고, 강의 죽음이 시작되었다. 영산호는 하굿둑에서 24킬로미터에 이르는 거대한 호수다.

영산강은 4대강 중 유일하게 식용수로 사용하지 않는 강이 되었다. 식용수가 아니라는 이유로 수질 개선의 의지 없이 강은 방치되었다. 하굿둑 바닥엔 4~7미터가량의 퇴적물이 쌓여 있고 바닷물은 강으로 오지 못하고 있다. 임창옥 씨는 '목포로 시집오려면 물지게 지는 법부터 배워야 한다'고 할 정도로 항구도시의 면모가 강했지만 옛말이 되었다고 한다.

"시민단체에서 영산강을 살리자고 할 때는 오히려 도나 관에서 영산강 물이 깨끗하다고 강변했어요. 하굿둑 부분이 오염되었다고 하니까 깨

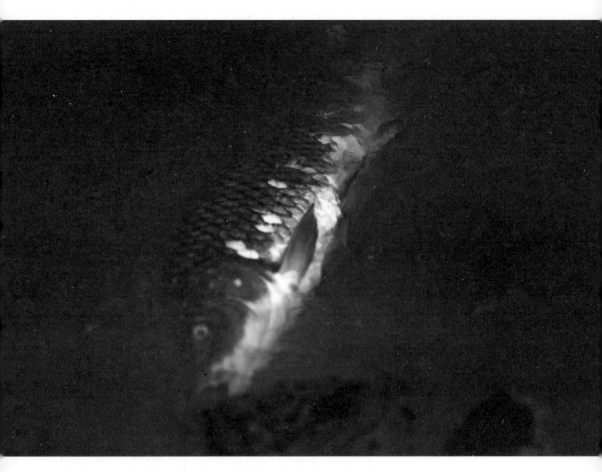

영산강 하굿둑에 다가가면 강한 악취가 코를 맴돈다.

무지막지하게 큰 어항이 썩은 것이다.

이곳에서는 3급수 어종들도 제대로 살아가지 못한다.

저 잉어의 삶이 고단했을 것이다.

끗하다더니 갑자기 2008년부터 영산강이 썩었다고 합니다. 아직도 물고기를 잡는 곳이 있는데 다 썩었다는 거예요. 상황에 따라 말이 다릅니다."

호수 한가운데 나불도가 보인다. 육지와 연결된 섬이다. 나불도엔 숙박업소와 음식업소들이 많은데 대부분 손님이 들지 않는 텅 빈 업소들이다. 시민들이 오염된 물가를 찾지 않기 때문이다. 전라남도는 이 문제를 지적하며 해결책이 대형 댐을 세우는 것이라고 한다. 최지현 씨가 영산강 수질을 구간별로 표시한 그래프를 보여준다.

"담양 쪽은 거의 1급수고, 수질이 제일 안 좋은 구간은 광주 구간이에요. 여러 계획에 따라 더디지만 영산강도 수질이 개선되고 있어요. 하굿둑이 있는 영산호는 자연의 힘을 빌리지 않고는 어렵다는 것을 알았죠. 수질개선 요구가 높아지는 상황이었는데 4대강 사업 때문에 더 어렵게 됐어요."

하굿둑 구조개선 사업은 '영산강 살리기 사업' 예산에 포함되어 있다. 구조개선 사업은 영산호와 영암호의 배수갑문을 확장하고 저층수 배제시설을 만드는 것을 내용으로 하고 있다. 저층수 배제시설이란 초강력 모터를 이용해 영산호 바닥의 물을 목포 앞바다로 빼내는 것이다. 하굿둑 구조개선 사업은 참여정부에서 논의가 있었다. 하지만 예산이 배정되지 않았다. 그런데 4대강 사업과 함께 6,000억 원 이상의 돈이 배정되었다. 도깨비 방망이처럼 '4대강 사업' 이름만 붙이면 예산이 나오는 실정이다.

현재 240미터 길이의 배수관은 가동보 역할을 한다. 집중호우가 올 때 물을 빼주는 역할이다. 갑자기 하굿둑에서 담수가 쏟아져 목포 인근 해역에서 김 양식을 하는 어촌 마을들이 피해를 본 일이 있다. 1983년 어민들이 소송을 제기했지만 대법원 판결에서 패소했다. 2004년엔 신안군 압해도 전복 양식장에 담수가 들어왔다. 바닷물의 염도가 떨어지자 어민들은 양식장에 소금을 뿌렸다. 하굿둑 아래 30여 년 동안 쌓인 오염물질이 앞으로 어떤 영향을 미칠지 알 수 없다.

"근본 대책 없이 담수만 바다에 내보내려 합니다. 담수가 바다에 미치는 영향에 대한 충분한 조사 없이 무조건 저층수 배제시설을 넓히는 것입니다."

임창옥 씨가 지난 몇 개월 동안 공사 현장을 다니며 건설사 관리자들과 현장 노동자들을 만난 소감을 말한다.

"4대강 사업의 전체 마스터플랜을 이해하는 사람이 없어요. 자기들은 소신껏 튼튼하게 잘 만들면 된다는 거죠. 왜 4대강 사업을 해야 하냐고 물으면 아무도 답을 못해요. 자기는 최선을 다하고 있긴 한데 왜 이 사업을 해야 하는지 모른다는 거죠. 광주 오일팔과 유월항쟁 이후 우리가 찾고자 했던 공동체, 우리가 지향하는 나라의 가치를 상실했을 때 무슨 일이 벌어지는지 일깨우는 일이라고 생각하고 싶어요."

영산강 하굿둑이다. 거대한 4킬로미터의 댐이다.

홍수 방지를 위한 공사였다지만 영산강을 마시지도 못할 물로 만든 장본인이다.

하지만 그 하굿둑을 그대로 두고 또 두 개의 보(댐)를 만들고 있다.

어떻게 영산강을 살리겠다는 것인지 지역 전문가도 모른다.

전남도청 앞에서 박준영 전남도지사를 규탄한다.

민주당의 당론을 위배하는 것은 물론이고 영산강은 이미 죽었다며 공사를 강행하고 있기 때문이다.

죽은 강을 살리는 것인지 죽은 강을 한번 더 죽이는 것인지는 곧 증명될 것이다.

최지현 씨는 어릴 때 강가에서 살았다. 초등학교 시절 그녀의 그림일기장을 가득 채운 건 물놀이하는 그림이었다. 그녀에게 하천은 놀이터였다. 어른이 된 그녀는 병든 강을 만났다. 강의 미래는 암울했다. 미래의 강을 지키기 위해 환경운동에 뛰어들었고, 영산강으로 가게 되었다.

"그나마 남아 있는 영산강의 아름다움을 이제 완전히 상실할 위기예요. 4대강 사업은 강을 매개로 강과 그 주변을 개발하겠다는 거대 프로젝트죠. 우리는 자연이 없으면 살 수 없잖아요. 4대강 사업이 이대로 시행되면 사람들이 강과 함께 만들어온 마음, 품성도 다 잃어버릴 것 같아요."

다음 날 답사 일행은 느러지 마을을 거슬러 담양천으로 향했다. 전날 밤부터 쏟아지던 폭우는 갈수록 거세진다. 예정된 일정을 취소하며 관방제림 입구에 다다랐을 때 유량이 급증한 담양천의 거센 물살이 우리를 맞이한다. 저 물살을 따라 가면 머잖아 영산강 본류를 만난다.

천연기념물인 관방제림은 담양천을 따라 1.5킬로미터의 길이로 조성되어 있다. 조선시대 인조 때의 담양부사 성이성과 철종 때의 황종림의 주도로 제방을 쌓고 인공 숲을 조성했다. 관방제림은 홍수에 대비한 호안림이다. 최지현 씨가 관방제림의 장점을 설명한다.

"나무들이 제방에 뿌리를 내리고 있으니까 제방도 튼튼해지고 태풍 피해나 수해 피해로부터 더 안전하죠. 선조들의 지혜가 있는 곳입니다."

관방제림엔 뿌리를 깊게 내리고 흙을 단단히 붙잡는 푸조나무가 많다. 푸조나무 외에도 느티나무, 벚나무, 팽나무 등 노거수 400여 그루가 강을 지키고 있다. 구렁이처럼 곳곳에 드리운 나무들의 뿌리는 신비로움을 더하고 있다. 300~400세의 할아버지 나무들은 강도 지키고, 인근 마을의 사람들도 지키고, 더운 여름이면 그늘을 만들어준다. 관방제림은 이 땅의 가장 아름다운 숲 중 하나로 알려져 있다.

관방제림에서 4대강 사업을 생각한다. 온고지신을 모르는 4대강 사업은 재앙을 향해 한걸음씩 다가서고 있다.

낙동강

이야기 둘

낙동강 개비리길을 걷는 이들.

이렇게 아름다운 길을 걷다 보면 우리 땅에 대한 무지가 부끄럽다.

우리는 얼마나 강을 사랑했고 강을 보존하려 노력했던가.

잃고 나서 분노하고 부끄러워할 것인가,

아니면 지금이라도 살리기 위해 최선의 힘을 다할 것인가?

참으로 힘든 노릇이다.

낙동강에서 부치는 안부

우리 몸속에도
강이 흐른다

2010년 5월 8일. 여덟 개의 대형 보가 들어서는 4대강 사업 최대의 공사구간인 낙동강으로 떠난다. 처음 도착한 곳은 낙동강 하류의 삼락습지생태원이다.

낙동강 하류는 둔치가 폭넓게 형성되어 있다. 부산 인근 지역만 해도 343만 평의 둔치가 강의 주변을 이루고 있다. 삼락둔치라는 143만 평의 광활한 땅 위 다양한 생명들이 강의 품에 깃들어 있다. 구포역에서 내려 삼락둔치와 낙동강 하구, 염막둔치로 이어지는 길은 50킬로미터가 넘는 거리로, 도시에서 거의 유일한 장거리 도보길이다.

'삼락'은 이곳에 세 가지 낙(樂)이 있다고 해서 붙여진 명칭이다. 첫째는 딸기가 풍성하게 열린다는 것이고, 둘째는 무성한 갈대밭과 버드나무 사이로 바람이 많이 불어온다는 것이고, 셋째는 아름다운 낙조를 볼 수 있다는 것이다.

버드나무와 갈대 밭 사이로 둔치의 속살을 걷는 길은 산들바람과 함께 걷는 길이다. 바람에 실려 새소리가 들려온다. 7~8월경이면 길을 걷는 내내 짝을 찾는 맹꽁이 울음소리를 들을 수 있다. 삼락둔치는 멸종위기종인 맹꽁이의 국내 최대 서식처로 알려져 있다. 길을 안내하는 이준경 씨(생태보전시민모임 생명그물)는 양서류와 하천 환경 전문가다.

"양서류는 물과 육지 양쪽에 서식한다고 해서 양서류입니다. 물속에 살던 종들 중에 용감한 종들이 양서류가 된 거예요. 그러니까 수환경의 지표종이라고 하죠. 양서류는 30퍼센트 정도가 보호종이에요. 옛날엔 동네마다 다 있었는데 지금은 보호종이 됐어요. 대도시권에 이렇게 야생으로 서식하는 곳은 거의 없습니다."

삼락둔치는 맹꽁이 외에도 황조롱이, 수달 등의 멸종위기종이 살고 있는 종 다양성 1등급의 생태보전구역이다. 문화재 보호구역, 습지 보호구역으로도 지정되어 있다. 이 지역의 생태가 다양한 것은 역설적이게도 개발과 관리를 최소화했기 때문이다. 해마다 1,000억 원가량의 관리비를 투입하는 한강의 50분의 1 정도의 비용만으로 유지하고 있다. '낙동강 살리기 사업'은 삼락둔치에 콘크리트를 깔고 자전거 도로를 만들 계획이다.

주말을 맞은 삼락둔치엔 많은 시민들이 찾아와 여가를 보내고 있다. 공중엔 여러 모양과 색깔의 연들이 바람에 흘러 다닌다. 연인들은 손을 잡고 버드나무와 갈대숲이 있는 강가로 걸어가고 있다. 홀로 길을 걷는 사람도

낙동강변의 아름다운 풍광을 만나면 시인도 사진을 찍나 보다.

필자인 송기역 시인이 글을 쓰는 취재 노트를 꺼내는 대신

카메라 파인더 속에 빠져든다.

삼락둔치에서 본 낙동강의 모습이다.

삼락(三樂) 중 하나가 무성한 갈대밭에서 불어오는 시원한 바람이라는데

이제 이 둔치의 갈대도 사라지면 그 이름도 사라질 것이다.

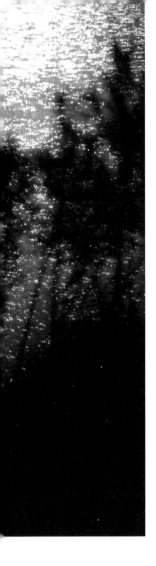

있다. 세상의 슬픔을 품고 와서 버드나무 아래 조용히 부리고 가는 사람도 있다.

발걸음이 무거울 즈음 수변농업을 하는 농민들을 만난다. 머잖아 이곳에 무슨 일이 벌어질지 알면서도 농부들은 허리를 구부려 구슬땀을 흘리고 있다. 삼락둔치에서 키운 채소를 가져와 제상에 올린 농민 김해근 씨는 자연재해보다 무서운 것이 무엇인지 경험으로 알고 있었다.

"신경을 많이 써가지고 몸이 많이 안 좋습니다. 자연의 재해도 엄청나지만 인위적인 재해가 얼마나 무서운지 우리들은 알고 있습니다. 당대에 한해서 영농 보장하는 걸로 부산시장과 협의하고 우리는 전 생명을 걸고 여기 살아가고 있는데 어이가 없습니다."

정부는 삼락둔치에 조성된 7만 평의 농경지와 염막둔치의 농경지를 강제 수용할 예정이다. 농민들은 환경단체와 함께 2002년부터 4년에 걸쳐 부산시와 싸워 친환경 영농을 조건으로 농사지을 권리를 얻었다. 당시엔 100만 평에 달하는 비닐하우스가 있었다. 농민들은 농약을 사용하는 비닐하우스를 걷어내고 친환경 영농으로 전환했다. 그 후 자연스럽게 강의 수질이 좋아졌다.

부산 지역 환경단체는 자연친화적인 수변농업이 필요하다며 삼락둔치와 염막둔치에 유기농특화단지를 조성하자고 제안하고 있다.

2008년 경남 창원에서 열린 제10차 람사르 총회에서 '논 습지 결의안'이 채택됐다. 논이 다양한 생물들이 서식하는 습지로서의 가치를 인정받은 것이다. 이외에도 수변 농업은 여러 역할을 하고 있다. 우선 농

낙동강 둔치 이곳저곳을 다니며 농사를 짓던 이들이 다시 이곳에서 쫓겨나게 됐다.

삼락둔치에서만 부산·경남 지역을 먹여 살리는 야채의 상당 부분이 경작됐다.

수변농업은 물을 정화하고 양질의 먹을거리를 생산하지만

4대강 사업은 이런 노력을 물거품처럼 만들었다.

민들이 농사를 짓는 구역은 별도의 관리를 필요로 하지 않기 때문에 수변 관리 비용이 절감된다. 그리고 정부에서 만들 계획인 풀장, 골프장, 인라인 스케이트장 등의 시설에 비해 물을 오염시키지 않고 수질을 정화한다. 2006년 협의 이후 부산시에서 500억 원이 넘는 사업비를 들여 삼락둔치 정비 사업을 했지만 결국 4대강 사업 때문에 국민 세금을 들인 정비 사업은 무용지물이 되고 있다.

삼락둔치를 떠나 아미산을 오른다. 아미산 중턱의 전망대에 도착한다. 버스에서 내리자마자 낙동강 하구와 삼각주들이 전경을 드러낸다.

강을 따라 걷던 걸음이 바다에 닿았다. 태백산 황지에서 발원한 낙동강이 사람을 먹이고 생명들을 먹이며 1,300리를 굽이돌아 이곳에 도착했다. 강물은 여기서 하룻밤을 묵고 소금기를 머금으며 남해의 바다가 된다. 수만 리 공중을 날아온 새들도 고단한 날갯짓을 거둬들이고 고요히 보금자리에서 잠을 이룬다.

을숙도·일웅도·장자도·신자도·진우도·맹금머리등·백합등·도요등·대마등 등 남북 26킬로미터, 동서 6킬로미터에 걸쳐 형성된 삼각주가 새들을 부르고 있다. 삼각주는 여러 차례 홍수를 거치면서 떠내려온 흙과 모래가 쌓여 만들어진 섬이다.

낙동강 하구는 국내 최대 규모의 갯벌이 있는 세계적인 습지이고, 한때 동양에서 가장 큰 철새 도래지였다. 갯벌과 얕은 수심엔 새들의 먹이가 풍부해 206종 22만 마리 철새들의 쉼터였다. 새들이 잠을 뒤척이기 시작한 것은 1983년 을숙도를 가로지르는 2.4킬로미터의 낙동강 하굿둑을 만들면서부터다.

을숙도는 사람의 발길이 닿고 자동차가 침범하는 육지로 바뀌었다. 하

낙동강 하구 삼락둔치의 자연 늪지다.

이곳에는 맹꽁이가 산다. 이제는 멸종위기등급의 양서류다.

우리의 환경이 흔하던 맹꽁이를 귀하게 만들었다.

그나마 이 동물이 살던 자연마저 다시 파괴하려 한다.

인간 외에 무엇이 살 수 있을까?

굿둑에 쓰레기 매립장이 들어섰고, 1990년대 들어 서부산권 개발계획으로 갯벌이 매립되었다. 을숙도는 '새들이 많고 물이 맑은 섬'이라는 뜻을 품고 있다. 사람의 발길이 잦아지면서 많은 새들이 을숙도를 떠났다. 철새 공동체는 지금도 파괴되고 있다. 하지만 철새들은 철거 싸움을 할 수 없다. 겨울이면 낙동강 하구의 지표종인 고니가 3,000여 마리 가량 찾아왔지만 지난 겨울엔 400여 마리로 줄어들었다.

하구의 풍경 너머로 장림·신호·녹산 공단의 공장 굴뚝이 열을 지어 서 있다. 낙동강 하굿둑 건설은 자연스럽게 바다로 흘러가는 강의 길목을 막고, 강과 바다를 분리해 국내 최대의 인공호수를 만들었다. 그로 인해 물은 오염되었고 생태계는 파괴되었다. 이준경 씨가 하굿둑 건설이 부른 비극을 들려준다.

"얼마 지나지 않아 녹조가 생겼어요. 그래서 6개월 만에 물을 소통시켰죠. 이곳은 순천만과 더불어 지형이 가장 아름다웠어요. 겨울엔 고니, 저어새 등 안 오는 새들이 없습니다. 대도시 인근에 이렇게 생태계 보고가 있는 곳은 거의 없습니다. 4대강 정비로 인해 저쪽에 보를 하나 더 만들어요. 하굿둑을 하나 더 만드는 거예요. 보를 세우면서 강을 준설했을 때 미치는 영향에 대해서는 한 군데도 연구를 내놓는 곳이 없습니다."

둑 건설로 인해 낙동강 하구는 녹조류가 번성하는 오염이 심각한 곳이 되었다.

낙동강이 바다와 만나는 곳이다.

곳곳에 하중도가 만들어져 자연스런 풍광을 만든다.

하지만 하굿둑 건설과 하중도 준설 때문에 이 풍경을 만나는 것도 얼마 남지 않았다.

을숙도와 함께 낙동강의 비경을 자랑하던 이곳도

철새들과 함께 사라질지 모른다.

뉘엿뉘엿 저무는 해가 새들의 잠을 재촉한다. 하구를 떠나는 길. 아름다운 하구 풍경이 머릿속에서 떠나지 않는다. 길에서 만난 풍경들 중 기억의 퇴화작용을 견디며 잊히지 않는 풍경이 있다. 낙동강 하구에서 만난 풍경이 그렇게 남으리란 예감이 든다. 어느 시에서처럼 나도 공중을 나는 철새들을 만날 때면 낙동강 하구의 '안부'가 궁금해질 것이다.

네가 휘이휘이 돌아올 때면
우리는 시베리아의 안부가 궁금하다
— 박이도, 〈을숙도에 가면 보금자리가 있을까〉 가운데

아름다우면서 위험한 길,
개비리길

살면서 때로 잡은 손을 내려두고 혼자 걸어야 하는 때가 있다. 길도 혼자
서 걸을 수밖에 없는 좁은 길이 있다. 다음 날 도착한 창녕의 작은 마을 영
아지에서 용산리까지 이어지는 도보 길이 그랬다. 작고, 좁고, 고요했다.

마을 사람들은 이 길 위에서 자전거와 트랙터를 타고 남지장이 서는 남
지읍까지 왕래했다. 넓고 편리한 길이 생기면서 이 길은 인적이 드물게 되었
고 길의 폭은 점점 좁아졌다. 강을 따라 구불구불 흘러가는 이 길은 지금은
전국에서 가장 아름다운 도보 길 중 하나로 꼽히고 있다.

환경운동가 감병만 씨(마산창원환경운동연합)는 7년 전부터 이 길을 걸었다.
그에겐 남다른 길이다.

"낙동강이 품고 키운 길입니다. 저희는 그냥 편하게 개비리길이라고 부릅니다. 사람들에게 널리 알려진 개비리길은 우리가 나중에 넘어가게 될 청학로에 있습니다. 마을 분들은 이 길을 2차선 도로로 내달라고 합니다. 공사로 인해 사라질 위기에 처해 있기 때문에 사람들을 많이 안내하고 있습니다. 길 오른쪽은 낭떠러지입니다. 아름다우면서 위험한 길입니다. 저는 아픔의 현장을 보는 것이 구원의 힘도 성장시킨다고 믿고 있습니다."

개비리길의 '개'는 물가·강가를 뜻하고, '비리'는 벼랑·절벽을 뜻하는 이곳 말이다.

숲으로 들어서자 어제 걸었던 삼락둔치 길보다 작은 소로가 나온다. 이곳 역시 그동안 만난 강의 풍경과 다르지 않다. 삽차들이 있고, 산처럼 쌓인 모래가 있다. 다만 낯선 풍경 하나가 시선을 붙잡는다. 마을의 뱃사공이 나룻배를 띄우고 노를 저으며 강심으로 나아가고 있다. 옛적엔 나룻배가 드나드는 창아지 나루가 있었다는데 현재는 찾아볼 수 없다. 뿌연 흙탕물 속에 아직 물고기가 살고 있는 걸까? 나룻배가 있는 강 풍경은 고즈넉하다. 한편에서는 강을 파헤치고 있고, 한편에서는 사공이 노를 젓고 있다.

이 강변 일대는 4대강 사업과 무관하게 창녕군에서 준설을 허가한 곳으로 이미 몇 달 전부터 준설이 이뤄지고 있었다. 4대강 사업으로 재차 준설 작업이 시작되고 있다. 생채기가 아물기도 전에 강에 삽날을 들이대는 것이다. 10여 년 전부터 모래를 약탈하려는 시도가 끊이지 않았던 여주의 여강처럼 이곳 역시 강의 모래를 골재로 대하는 개발주의자들의 욕망이 뿌연 흙탕물로 흐르고 있다. 준설선 앞에서부터 강을 가로지르며 설치된 주황색

창녕 영아지에서 용산리까지 이어지는 개비리길.

강가의 벼랑길이라는 뜻이다.

사람들은 이 숲길을 걸으면서 무엇을 생각할까?

아마도 '이렇게 아름다운 숲길이 낙동강가에 있었구나' 하는 감탄일 것이다.

오탁방지막이 보인다. 감병만 씨가 오탁방지막의 허술한 기능을 꼬집는다.

"오늘같이 바람 없고 유속 느린 날은 그나마 낫습니다. 그런데 바람이 불고 유속이 빨라지면 오탁방지막 아래 그물 같은 하얀 천이 들리고 오탁물이 다 흘러나가요. 저게 소용이 없습니다. 오탁을 막는다는 말은 거짓말입니다."

강에 준설선이 투입되면 빠른 속도로 스크루를 돌려 강바닥의 흙과 모래, 자갈을 동시에 빨아들인다. 그때 발생한 오탁물은 1킬로미터에 걸쳐 흘러간다. 함안보 유역만 해도 다섯 대의 준설선이 투입된다고 하니 5킬로미터가량의 강물이 죽은 물이 되는 것이다.

길모퉁이를 돌 때마다 풍경이 달라진다. 공사장의 소음은 점점 크게 들려온다. 낭떠러지 아래 흙탕물도 짙어지고 있다. 낙동강 경치가 한눈에 보이는 너럭바위에서 걸음을 멈춘다. 감병만 씨가 식물 하나를 가리킨다.

"이 길에 들어서면 가장 많이 보이는 게 부처선이에요. 바위손이라고도 하죠. 쟤들이 죽은 것처럼 보이지만 빗물이 한 방울씩 똑똑 떨어지면 금방 살아납니다. 생명력이 강한 식물입니다. 맞은편에 보이는 저곳은 둔치 농업을 하던 농지인데 친수공간을 만드는 공사가 시작된 것 같아요."

강바닥에서 검은 진흙이 빨려 나온다.

진공흡입식 준설은 규정을 꼭 지켜야 강의 생태뿐 아니라 오염을 막을 수 있다.

하지만 어디서도 그런 규칙을 지키고 있는 것 같지 않다.

그저 공사기간을 앞당기기 위해 노력할 뿐이다.

이 길은 부처손, 마삭 등 야생식물들이 많다. 공사장 너머엔 마을이 있다.

"농민들은 농지 잃고 농사 못 지으니까 일자리를 잃죠. 일부 보상받긴 하지만 삶의 지속성을 봐야 하는데 당장의 것만 보게 돼요. 농민들은 보상 받고 나가도 할 게 없어요. 평생 농사꾼이니까. 그래서 다시 농지를 임대받는 거예요. 그런데 농지가 줄어들면 농지 값은 오르죠."

다시 숲으로 들어간다. 무성한 나무와 나무 사이 푸른 물이 스치듯 모습을 드러내고 벼랑길은 쉼 없이 이어진다. 절벽이 모습을 드러낼 때마다 수천수만 년의 세월과 바람에 깎인 바위 모습이 변화무쌍하다. 그렇게 얼마나 걸었을까? 절벽 길이 끝나자 울창한 대숲 길이 펼쳐진다.

주인이 떠나고 없는 폐가 한 채가 대나무 그늘 아래 웅크리고 있다. 우리는 외딴집의 작은 문을 지나 폐가에 들어간다. 금이 간 담벼락 사이로 가느다란 빛 한 줄기가 사람 없는 집을 방문하고 있다. 부엌엔 녹슨 솥단지가 남아 있고, 마당엔 마른 댓잎이 수북하다. 방문도 열어보고 작은 화장실도 들여다본다. 사람이 떠난 집은 휑하고 쓸쓸하다. 한기마저 느껴진다. 인가가 없는 외떨어진 곳에 살림을 꾸린 집주인의 삶을 헤아린다. 대나무로 바구니를 짜고 강가에 나가 물고기를 잡으며 생활했을 것이다. 인적 드문 곳에 살던 가족은 혹시 도시의 빌딩 숲 사이 작은 방 두세 칸을 얻어 살고 있진 않을까?

산길을 다 빠져나오자 낙동강이 훤히 제 모습을 드러낸다. 강변에 키 큰 미루나무 두 그루가 오롯하게 서 있다. 산들바람에 잎을 뒤채며 반짝이는 미루나무를 보니 마음이 씻기는 듯하다.

남덕유산 자락에서 발원한 남강이 낙동강에 합류하는 용산리 창날의 합수 지역이 멀리 보인다. 합류지점 왼편은 버드나무 군락지가 울창한 숲을 이루고 있다. 오른편은 나무 한 그루 찾아볼 수 없는 황량한 공사장이다. 원래 그곳도 버드나무 군락지였다.

공사장에서 몇 대의 삽차가 작업을 하고 있고 적치장엔 모래가 쌓여 있다. 공사장에서 강으로 이어지는 곳에 배수구 몇 개가 보인다. 모래를 쌓으면서 나오는 침출수를 강으로 빼내는 것이라고 한다. 공사장 가득한 모래 무덤의 규모를 보고 일행이 모두 놀란다. 감병만 씨가 지나온 길을 돌아본다.

"적치장에 저렇게 쌓아두면 모래 먼지가 마을까지 날아가요. 마을 근처에 적치장을 두면 안 되죠. 얼마 전 낙동강 주변 마을에서 모래 먼지 때문에 못 살겠다고 전화가 왔어요. 마을 사람들이 시청에 전화했는데 자기들도 어쩔 수 없다며 환경단체에 전화하라고 하더랍니다."

두 강의 합수 지역 가까운 곳까지 걸어갔다. 드넓은 통밀 밭이다. 하지만 밀농사를 짓고 있는 땅은 없다. 너른 밭을 차지한 것은 노란 유채꽃이다. 이 밭의 통밀은 칠팔월이면 사람 키보다 높게 자란다. 4대강 사업 때문에 농사를 짓지 않는 것이다. 이 통밀 밭은 공사장의 모래를 쌓아두는 적치장으로 사용될 것이다. 낙동강 주변의 둔치 농업은 우리나라 채소 농업에서 큰 비중을 차지하고 있다. 4대강 사업으로 둔치 농업이 소멸되고 있다. 채소 값 인상은 고스란히 서민들의 부담으로 돌아올 것이다. 한 시간 남짓한 도보를 마친 후 감병만 씨가 공사 현장을 향해 손짓한다.

"우리가 걸어온 길은 자동차를 타고 속력을 내며 달리는 삶을 반성하는 길입니다. 잘 닦인 길을 달리다보면 '사이 공간'이 소멸됩니다. 우리가 걸으면 사이사이의 공간들과 만나고 그 만남을 통해 우리가 새로운 무엇이 되는데요. 잃어버린다는 것은 내가 변화될 여지도 함께 잃는 것을 뜻해요."

환경단체 '풀꽃세상을위한모임'은 "자연에 대한 존경심을 회복하기 위해" 해마다 '풀꽃상'을 시상하고 있다. 2010년 '풀꽃상'에 창녕 남지의 개비리길이 선정되었다. '풀꽃세상을위한모임'은 "이 땅의 모든 산하가 겪고 있는 아픔에 용서를 구하고 생명의 길, 생명의 강으로 영원히 흘러주기를 바라는 마음에서" 상을 드리게 되었다고 선정 이유를 밝혔다.

두 마리 개의
사랑을 찾아서

용산리에서 버스를 타고 낙동강 18공구 현장인 함안보로 향한다. 함안보는 4대강 사업 공사장 중 유일하게 600미터에 걸쳐 은폐막을 설치했다. 환경단체의 문제제기로 언론 보도가 잦아지면서 공사장을 가리기 위해 설치한 것이다. 그래서 공정률이 다른 공사장보다 느려 13퍼센트 정도에 머물고 있다.

함안보는 지하수위 상승으로 함안 인근 지역의 침수 피해가 우려되고 있다. 처음 이 문제를 도외시하던 정부는 뒤늦게 침수 피해를 인정하고 관리 수위를 7.5미터에서 5미터로 낮추는 것으로 계획을 수정했다. 하지만 전문가들은 5미터로 수위를 낮춰도 침수를 피할 수 없다고 주장한다. 수위를 낮춰 설계를 다시 하고 있는 정부는 이를 다시 부정하고 있다. 4대강 사업과 관련한 다른 문제들처럼 하나의 거짓말을 막기 위한 또 다른 거짓말이 이어지는 양치기들의 공사장이다.

함안보 인근 마을 농민들은 전국적으로 유명한 특산물인 수박과 오이, 복숭아, 파프리카 등의 농사를 짓고 있다. 보 건설로 농지가 침수되면 과일의 당분이 떨어지고, 안개로 인한 피해도 예상되고 있다. 함안보 공사장에 도착하자 은폐막 곳곳에 펼침막이 걸려 있다.

'낙동강 사업은 생명 살리기입니다'
'우리가 꿈꾸는 강의 이름은 행복입니다'
'생명을 살리는 행복한 기적이 낙동강에서 시작됩니다'

선거관리위원회는 지방 선거 기간 동안 4대강 사업 반대 활동을 선거법 위반이라며 가로막으면서도 찬성 활동은 눈감아 주었다. 환경단체들의 문제제기로 오늘은 보수단체에서 내건 펼침막이 보이지 않는다. 한 주 전까지 걸려 있던 보수단체의 펼침막 내용은 강경했다.

'썩은 물을 먹으란 말이냐?'
'4대강을 반대하는 자들은 방문을 환영하지 않는다'

함안보 맞은편 둔치는 1급 생태계 습지였지만 완전히 사라져 흔적도 없다. 공사장의 소음이 들려온다. 강바닥의 암반을 파는 소리 같다. 강변을 끼고 달리는 본포 나루터 가는 길에서는 어지럼증을 느낄 만큼 쉼 없이 포클레인과 덤프트럭이 보인다. 공사장 한가운데를 달리는 것 같다.

말썽 많은 함안보 건설현장. 주변 농지들의 침수가 우려되고 공정률에도 문제가 있다며

600미터의 거대한 담장을 쌓아 외부로부터 차단을 했다. 간신히 담장 아래로 카메라를 넣어 촬영했다.

도대체 숨길 게 무에 그리 많은 것일까? 결국 취재하는 우리는 현장 관리들과 한판 붙고 말았다.

국민 세금으로 월급 받는 사람치고는 참으로 오만했다.

함안보 건설현장의 유일한 문.

답사단의 강한 요구로 마지못해 협조하는 척했지만 끊임없이 방해한다.

4대강 사업은 그야말로 비밀스런 사업이다.

국민은 이 공사가 어찌 진행되는지 몰라야 하는 국책사업이다.

강에 직접 들어가 준설하기 위해 준비하고 있는 모습이다.

정말 이 공사가 계획을 갖고 있는지 의심케 하는 장면이다.

삽에 들어간 노동자가 손으로 깃발을 꽂는다.

그리고 바로 포클레인이 퍼낼 것이다.

그 강 속에 무엇이 있는지는 아무도 모르고 알고 싶지도 않을 것이다.

해변길과 다른 강변길 풍경의 운치에 반한다. 동시에 학살의 현장을 지나는 아픔이 교차한다.

임해진을 지나고 있다. 임해진은 이 마을 앞까지 바닷물이 올라왔다고 해서 붙인 이름이다. 열세 가구가 사는 이 마을은 4대강 사업으로 사라지게 된다. 임해진을 지나 청학로를 달린다. 청학로는 개비리길에 새로 이름 붙인 도로 이름으로, 노리를 지나 학포리까지 2킬로미터에 달하는 거리이다. 절벽을 따라 이어지는 개비리길엔 두 마리 개의 사랑 이야기가 전해 내려오고 있다.

고개를 두고 임해진과 노리 마을이 있었다. 두 마을은 험한 산으로 가로막혀 있기 때문에 사람들은 서로 오가는 데 어려움이 있었다. 그러던 어느 날 개 한 마리가 산을 넘어 두 마을을 오가는 것을 알게 되었다. 마을 사람들이 개가 다니는 길을 따라가 보았더니 짧은 시간에 고개를 넘어 산 너머 마을에 도착할 수 있었다.

두 마리 개가 그 길을 통해 만나고 있었던 것이다. 개들은 매일 같이 험한 산길을 오갔고, 발길이 잦아지면서 길이 만들어졌다. 그 후 사람들은 편리하게 마을을 오갈 수 있었다.

세월이 흘러 개들이 모두 세상을 떠났다. 마을 사람들은 노리와 임해진 사이에 길을 만들어준 두 마리 개를 추모하기 위해 비석을 세우고 봉분을 쌓아 무덤을 만들었다.

사람들은 고마움을 잊지 못해 비를 세웠는데 이를 개비(또는 개로비)라 전해져 오고 있다. 개비리길은 1970년대 공병대 훈련용으로 만든 2차선 도로를 만들면서 사라졌다. 4대강 공사로 이마저 사라질 운명에 처했다.

노리마을 앞 강변엔 모래톱이 넓게 펼쳐져 있다. 마을 앞으로 흐르는 강은 17공구 공사장이다. 낙동강 지킴이 김상화 씨는 이 길을 '인간의 손때가 묻지 않은 자연 그대로의 강'이라고 표현했다.

창원의 옛 나루인 본포 나루터에 도착한다. 낙동강의 마지막 주막이 있던 곳이다. 본포 나루에서는 1980년대 말까지 나룻배 한 척이 운행되었다. 본포리와 학포리를 연결해주던 나룻배의 역할을 현재는 본포교가 대신하고 있다.

일행은 곧 문을 열게 될 낙동강선원 예정지로 가고 있다. 낙동강선원 예정지는 낙동강 개발 현장을 한눈에 볼 수 있는 산고개 아래 자리 잡고 있다.

우리가 오르는 산은 감나무 과수원이다. 낙동강 선원 예정지는 금강사 자홍 스님의 수행 공간이다. 환경운동가들은 이 공간을 낙동강선원으로 만들어 현장을 관찰하고 4대강 사업을 막기 위한 활동을 펼칠 계획이다.

산마루에 오르니 진경이 펼쳐진다. 본포 모래톱과 함께 낙동강 물줄기가 휘돌아가는 모양이 한눈에 다 보인다. 지금까지 찾아간 곳 중 모래를 가장 많이 볼 수 있는 곳이다. 본포 모래톱의 하중도와 드넓은 모래사장은 철새들이 펼친 날개 같고, 강 위에 띄운 커다란 배처럼 보인다. 모래톱 위에서 가느다란 다리를 지닌 새들이 쉬고 있다.

본포 모래톱은 멸종위기종인 재두루미(천연기념물 제203호)의 쉼터이고 중간 기착지이다. 세계적으로 재두루미는 7,000여 마리 정도가 남아 있다. 겨울이면 재두루미들이 모래톱에 까맣게 모여 앉아 쉬는 모습을 볼 수 있다. 겁이 많은 재두루미는 사방이 환히 트인 곳을 좋아한다. 500미터 근방에 물체가 접근하면 날아가 버린다고 한다. 함안보에 설치된 조망도엔 깃을 펴

본포 나루터의 에스런 찻집도 사라졌다.

모래 둔치는 사라지고 모두 해괴한 잡석들을 깔아 인공적인 강변을 만들고 있다.

저리 만든 강변에는 자본을 들고 찾아오는 해괴한 유흥문화가 파고들 것이다.

낙동강 본포에 있는 거대한 하중도다.

이제 작은 숲도 만들어졌으니 많은 생명들이 이곳에 보금자리를 틀 터인데,

그 어떤 조사도 없이 모래를 퍼낼 준비를 하고 있다.

이 하중도가 사라진 것은 그로부터 한 달도 채 지나지 않았을 무렵이었다.

고 있는 재두루미 사진이 있었다. 하지만 댐을 건설하고 강바닥을 준설한 후엔 재두루미는 물론 수심이 얕은 곳을 좋아하는 우리나라 철새들은 이곳을 다시 찾지 않을 것이다.

물길을 막고 차량이 드나들 수 있게 강을 가로지르며 만든 모랫길이 보인다. 본포 모래톱은 모래와 함께 시간이 쌓여 있다. 본격적인 공사가 시작되면 긴 세월에 걸쳐 형성된 수억 생명들의 서식지 본포 모래섬은 2~3개월 안에 모두 완전히 사라질 것이다. 감병만 씨가 재두루미와 철새들의 미래를 알려준다.

"낙동강에 날아오는 새의 90퍼센트가 수영을 못하는 다리가 긴 새들입니다. 낙동강 전 구간에서 모래톱을 없애고 친수공간을 만들면 새들의 90퍼센트는 사라지게 돼요. 나머지 수영할 수 있는 애들도 낙동강 수위가 대략 6미터 정도를 유지한다는데 수압을 견디고 잠수해서 먹이를 먹을 수 있는 애들이 얼마나 되겠어요? 새가 찾아오지 않으면 사람도 찾아오지 않게 됩니다. 그것은 독일의 이자강이 정확하게 보여줬죠."

독일은 150년 전 정비한 이자강의 수로가 지하수를 고갈시키고 홍수를 유발한다는 것을 깨닫고 원래의 자연하천으로 복원했다. 그 후 이자강은 사람과 새들이 찾는 강이 되었다. 오늘 여정을 함께하고 있는 곽상수 씨는 '낙동강을 생각하는 대구사람들'에서 활동하는 환경운동가다. '낙동강을 생각하는 대구사람들'의 회원들은 대구의 앞산 터널 공사 반대운동을 펼친 단체 '앞산을 꼭 지키려는 사람들'에서 활동한 이들이 주로 모였다. 이들이 다시 낙동강으로 모이고 있다. 곽상수 씨가 그동안 낙동강 공사현장을 찾아다닌 소감을 전한다.

"저희들이 그동안 현장을 돌아다녔는데 사람들에게 노출된 곳은 가급적 공사를 안 하고 있어요. 그에 비해 사람들이 접근하기 힘든 곳, 가려진 곳은 엄청나게 공사가 진행되고 있습니다. 포클레인이 직접 강에 들어가서 모래를 긁어내요. 최근 한나라당에서 '친수 공간 특별법'을 제정한다고 하더라고요. 제방 주위 2킬로미터 정도는 수자원공사에서 땅을 개발할 수 있게 법을 만들려는 것이죠."

'낙동강 살리기 사업'의 이면엔 또 다른 개발과 함께 부동산 투기의 목적이 숨어 있다. 4대강 전역은 이미 강을 이용한 부동산 투기가 이뤄졌고 앞으로 2차, 3차 투기가 이어질 것이다.

두 가지 색깔의
낙동강

낙동강 답사 마지막 장소인 화원유원지 입구에 위치한 '대구경북지역 골재원노동조합' 사무실을 찾아간다. 우리를 맞이한 이는 김창수 씨(수석부위원장)다. 이곳 조합원들이 해온 일은 낙동강에서 골재(모래와 자갈)를 채취하는 것이다. 조합원들은 준설선 선장과 선원, 포클레인 기사, 살수차 기사, 덤프트럭 기사 등으로 구성되어 있다. 이들이 알려준 준설 과정은 이렇다.

준설선에서 강바닥의 모래를 빼낸 후 선별기를 통해 모래와 자갈, 물을 분리해 쌓는다. 분리된 모래는 덤프트럭에 실어 목적지까지 옮긴다. 골재는 건물을 짓고 도로를 건설하는 기초 자재로 사용된다. 부위원장은 모래를 트럭에 실어주는 로더 기사다. 그가 12년 전 노동조합을 만들던 때를 회상한다.

"그때는 노동 강도가 너무 셌어요. 밤낮없이 일했습니다. 일이 많을 때는 새벽 4시부터 밤 11시까지 했어요. 너무 힘들어서 더 못하겠더라고요. 임금이 체불되고 해서 이렇게는 우리가 살 수 없다. 그래서 우리 권리를 찾자는 뜻에서 만들었습니다."

1998년 노동조합 창설에 앞장선 문수진 사무국장이 이어받는다.

"그때가 IMF 때였지만 골재업은 성황기였거든요. 하루아침에 정리해고 시키는 걸 보고 안 되겠다 싶어서 민주노총에 가서 노동조합 설립하겠다고 했어요. 계란으로 바위치기라고, 무조건 깨진다고, 안 된다고 했어요. 깨지든지 죽든지 우리가 알아서 한다고 해서 억지로 설립을 했어요. 사측에서 탄압을 많이 했죠. 깡패들이 집에까지 찾아오고. 그 후 깎였던 임금 다 찾고 우리 권리를 찾아가면서 좋은 직장을 만들었어요."

노동조합이 설립되기 전엔 무분별하게 골재를 채취하는 관행이 있었다고 한다. 허가 받지 않은 모래를 준설한 것이다. 노동조합은 이런 관행을 금지시켰다. 그리고 과도한 채취량을 문제 삼아 1년 채취량을 70~100만 루베(입방미터, 1루베=1580킬로그램)에서 30만 루베로 낮추도록 지방자치단체에 요구했다. 그로 인해 매년 30만 루베 선으로 채취량을 낮췄다. 2002년엔 노동조합에서 환경감시단을 만들었고, 조합원 모두 국토환경부로부터 명예환경감시원 자격증을 받았다.

노동조합은 창립 이후 지난 12년 동안 파업을 벌인 적이 없었다. 처음 벌인 파업이 어느덧 1년이 되어간다.

"민주노총 행사에는 자주 가봤지만 집회를 어떻게 하는지도 몰랐습니다. 우리가 낙동강에서 1년간 생산하는 모래 양이 1,300만 루베 정도인데, 4대강 공사로 생산하는 양이 4억 4,000만 루베입니다. 이 양이 상상이 안 될 텐데요. 어느 정도냐면, 경부고속도로 전 구간을 22층 높이로 쌓아둘 수 있는 양입니다. 그 양을 1년 만에 다 들어낸다니까 저희들은 삶의 터전을 뺏길 수밖에 없습니다."

4억 4,000만 루베는 골재채취 노동자들이 34년 동안 일해야 준설할 수 있는 양이다. 낙동강은 전국 골재 생산량의 70퍼센트를 생산하고 있다. 한 개 업체가 1년 동안 판매하는 모래 양은 30만 루베 가량이다. 업체에서 30만 루베의 골재 채취를 허가받는 데 걸리는 환경영향평가 기간은 1년이 넘는다. 하지만 4억 4,000만 루베의 골재를 채취하기 위한 환경영향평가는 겨우 4개월밖에 걸리지 않았다.

골재 채취 노동자들의 연령대는 40대 초반부터 60대에 걸쳐 있다. 부위원장이 심정을 토로한다.

"솔직히 집에 들어가기 힘들고 겁이 나요. 우리 조합원들 집에 가면 볶여서 못 삽니다. 돈 때문에, 돈 타령 때문요. 큰 애가 고1이고 작은 애가 중3인데요. 학원을 다 끊었습니다. 제 경우 애가 어리지만 다른 분들은 돈이 많이 들어가는 시기라 더 힘들게 지내고 있습니다. 어떤 조합원은 아들이 '아빠, 힘들면 내가 아르바이트라도 할까?'라고 말

낙동강에서 모래를 파며 노동자로 살아온 이들에게 4대강 사업은 무시무시하다.

자신들이 30년 넘게 퍼 올려야 하는 양이 이번 사업으로 한꺼번에 올라온다.

물론 자신들과 같은 영세한 사업장의 노동자들은 이번 사업에서 밀려났고, 일자리를 잃었다.

지금껏 생각지 않았던 환경 문제가 이들의 중심이 되어 버렸다.

했다고 해요. 가슴이 아픕니다.

애들도 자연스럽게 우울해져요. 가정불화가 많아지니까 애들 보기도 미안하고. 집에 들어가면 눈치가 보여서 텐트 농성장에서 자는 게 낫다는 사람도 있습니다. 우리가 가진 기술이라곤 낙동강에서 모래 생산하는 것밖에 없습니다. 밖에 나가서 할 수 있는 게 없어요. 그래서 우리 목숨을 담보로 해서 끝까지 낙동강을 지켜낸다는 일념으로 조합원들의 결의를 다 받아둔 상태입니다."

대구·경북 지역 골재 채취 노동자들은 700명가량이다. 노동조합에 가입한 조합원은 56명이다. 한때 100명 가까이 이르던 조합원들은 4대강 공사가 미친 임금체불 등의 문제로 버티지 못하고 하나둘 떠나갔다. 4대강 공사 초기, 정부는 이들에게 협조를 요청했다.

"저희 일손을 가장 필요로 하거든요. 근데 왜 거부했냐면 길어봐야 1년 내에 끝날 낀데 내 살 뜯어먹기 위해 거기 일하러 갈 수 없잖아요."

얼마 전 골재 채취 사업자가 농약을 마시고 자살했다. 유서에는 '4대강 사업이 원망스럽다'고 쓰여 있었다. 그의 죽음은 지속 가능하지 않은 사업에 대한 절망 때문이었다. 조합원들 중 생활고를 견디지 못하고 노동조합을 탈퇴한 후 4대강 공사 현장에서 일하는 이들도 있다. 부위원장이 동료의 얘기를 전해준다.

"'야, 여기 노동 강도가 70년대 그때보다 더 힘든 것 같다. 내가 왜 노

동조합 탈퇴해서 이 고생하는지 모르겠다' 그렇게 말해요. 새벽에 시작
해서 한밤중이 되어야 일을 마친대요. 현장에서 어려운 일을 하는 사람
들은 다 외국인 노동자들이랍니다. 인건비를 절감하기 위해서겠죠."

낙동강 사업 공사장에서는 골재원 노동조합을 탈퇴하지 않는 노동자들
은 고용하지 않는다.

몇 달 후 다시 화원유원지에 찾아가서 만난 최재원(가명) 씨는 20년 경력
의 준설선 선장이다. 2009년 6월. 4대강 사업과 함께 회사가 문을 닫으면
서 그는 일자리를 잃었고, 현재 비정규직이 되어 낙동강에서 일하고 있다.
건설사의 요구에 의해 그는 노동조합을 탈퇴한 후에야 일할 수 있었다.

그가 일하는 회사는 원청에서 하청을 준 회사의 하청 회사이다. 근로계
약서는 쓰지 못했고, 24시간 일하고 24시간 쉬는 생활을 반복하고 있다.
전에 다니던 회사의 근무일수는 8시간 주 5일이었지만 현재는 쉬는 날이 한
달에 이틀이라고 한다.

"전에는 일 마치고 나면 여가 시간도 가지고 그랬는데 지금은 쉴 틈이
없어요. 홍삼, 엑기스 등 운기 회복하는 약을 먹어가면서도 일을 해
야 돼요."

노동조합과 함께하고 싶었지만 "가진 게 너무 없다 보니까 부득이하게
나와서 마음에 항상 짐이 된다"며 조합원들에게 미안해 한다.

최종회(가명) 씨는 10년 동안 살수차 기사로 일했다. 그가 일하던 회사는

4대강 사업으로 2009년 3월 휴업에 들어갔고, 결국 문을 닫았다. 휴업 후 반년 동안 매월 100만 원 미만의 휴업 수당을 받은 돈으로 버티고 있다.

대구·경북 지역 33개 골재업체 중 2개 회사가 폐업했고 나머지 회사는 대부분 휴업 상태이다. 몇 단계에 걸쳐 하청을 받는 상황이다 보니 인건비와 기름 값을 제하고 나면 수익이 맞지 않아 참여하지 않는 업체들이 많다고 한다.

일터를 잃은 골재 채취 노동자들 중 다른 일을 찾아 취직한 사람은 거의 없다. 4대강 사업 현장에서 일하는 노동자들은 준설작업이 마무리되는 2011년 6월경이면 모두 일자리를 잃게 된다.

최종회 씨가 공사장에서 최근에 겪은 황당한 일화를 들려주었다.

"전엔 기름이 강물에 뜨면 비상이 걸려요. 공무원들이 바로 출동해서 한 달 동안 현장을 스톱시켰는데 요즘은 공사에 지장 있다고 어지간한 것은 다 덮어둬요. 민원을 제기해도 받아주질 않아요. 저번에 새벽에 출근했는데 기름띠가 강물에 어마어마하게 500미터 이상 내려오더라고요. 어디서부터 시작됐나 확인하려고 작은 배를 타고 올라가봤어요. 원청에 신고하니까 수자원공사에서 나온다고 하더니 나와보들 않더라고요. 황당하더라고요."

공사 현장을 보기 위해 사무실을 나와 화원유원지를 걷는다. '꽃동산처럼 아름답다'는 이름처럼 유원지는 낙동강이 낳은 수려한 경치를 뽐내고 있다. 화원유원지는 달성보와 강정보 사이에 있다. 맞은편 강둑에 모래사장에서 퍼낸 모래가 쌓여 있고 작은 준설선 한 대가 강 위에서 작업을 하고 있다.

달성보 근처 하천에서는 물고기의 사체를 어렵지 않게 발견할 수 있다.

이 누치의 생명은 다른 뭇 생명들의 값어치와 얼마나 다른가?

생명이 생명으로 다뤄지지 않는 세상이다.

골재 채취 노동자들이 '낙동강 환경감시단'을 만든 것은 자신들의 삶의 터전인 낙동강을 지켜야 한다는 생각에서였다. 자신들의 일이 강에게 미안한 일이라는 생각 때문이었다. 강변의 쓰레기를 줍고, 오염 물질을 제거하고, 철새가 날아올 즈음이면 먹이를 줬다. 부위원장이 공사가 시작된 이후 강의 변모를 우려한다.

"제가 근무할 때 새벽 다섯 시쯤 현장에 가면 노루하고 고라니, 수달을 많이 만났어요. 꿩이며 오리, 너구리, 오소리, 족제비도 봤구요. 아침에 보면 청둥오리 새끼들이 졸졸졸 엄마를 따라다니거든요. 지금은 찾아볼 수가 없습니다. (게시대의 보호종 물고기들을 보면서) 이런 물고기들은 지금 다 사라지고 없을 겁니다. 조금 있으면 산란철인데, 물속에서 산란할 수 있을까 싶습니다. 어민들이 고기를 많이 잡아 올렸거든요. 고기 어종도 다양했어요. 우리도 친하게 지내서 많이 얻어먹었는데……. 여기 있으면 전쟁터인지 공사 현장인지 분간이 안 가요. 중국에서 불어오는 황사는 저리 가랍니다. 모래바람 때문에 눈도 못 떠요."

우리가 서 있는 고수부지 위엔 보호종 물고기들 사진을 게시한 표지판이 있다.

'이 지역에는 잉어, 붕어, 누치, 끄리, 모래무지, 메기 등 다양한 수산동물이 서식하고 있습니다. 우리 모두 포획 금지 기간 및 금지 체장을 준수하고 천연기념물과 멸종위기종을 보호하여 소중한 수산자원을 우리 후손에게 잘 돌려줍시다.'

달성군 달성보 근처의 낙동강.

금호강의 합류지점으로 대구시에서 흘러내려오는 물 때문에 탁했지만

그나마 차츰 나아지고 있는 상황이었다는데, 달성보의 건설로 강은 다시 썩어간다.

바람만이 무심히 지난다.

그 아래엔 대상 어종의 사진과 금지기간, 금지체장을 붉은 글씨로 표기했다. 그리고 천연기념물과 야생동물에 대한 보호 문구도 표기해 두었다.

'천연기념물 및 멸종위기야생동물은 아래와 같으니 정성껏 보호합시다.'

이 문구 아래에도 사람들이 잘 보고 보호할 수 있게 어름치, 무태장어, 꼬치동자개 등의 천연기념물과 감돌고기, 흰수마자, 미호종개, 얼룩새코미꾸리, 두드럭조개 등의 멸종위기 야생물고기들의 사진이 게시되어 있다.

문수진 사무국장이 낙동강 공사 현장은 환경을 보호하는 곳이 아니라며 자신이 본 광경을 들려주었다.

"물새들이 모래밭에 알을 낳았는데 모래를 걷어내고 있으니까 물새가 당황해서 왔다 갔다 하는 것을 봤어요. 무서워서 도망갔다가도 다시 와서 주변을 계속 뱅글뱅글 맴돌더라고요."

낙동강은 화원유원지에 이르러 금호강을 만나고 진천천을 만난다. 멀리 합수지가 보이고 그 너머 성서공단의 공장과 굴뚝이 하늘을 찌르고 있다. 유원지에서 머지않은 강정보 공사장에서 내려오는 흙탕물과 성서공단·염색공단 등 다섯 곳의 공단을 거치며 산업폐수와 생활하수가 유입된 검은 강물이 여기서 만난다.

흙탕물과 검은 물, 두 물줄기의 색깔이 선명하게 구분된다. 4대강 사업 공사가 시작되기 전에도 색깔이 다른 두 개의 물길이 합수지점에서 만났다. 그땐 흙탕물이 아니었다. 낙동강에서 이 구간은 오염도가 가장 심한 곳으

낙동강변 청보리는 주인도 없이 자란다.

그 너머로 준설토가 쌓이고 있으니 추수도 하기 전에 베여나갈 것이다.

이곳은 이미 경작이 금지된 곳이었다. 하지만 농부들은 그저 심는다.

추수를 못하면 보상이라도 받을 것이다.

318

로 오염의 사각지대라고 일컬어진다. 이곳에 이르러 낙동강 물은 4급수가
된다.

삼락둔치에서 만난 이준경 씨는 부산·경남 지역 주민들에게 물에 대한
오래된 공포가 있다고 설명했다.

> "다른 지역은 모두 댐 물을 먹는데 유일하게 부산·경남 지역만 댐 물
> 을 안 먹고 낙동강 물에 의존합니다. 문제는 낙동강을 따라 공장이 많
> 다는 거죠."

산업화 시기 낙동강 줄기를 따라 쉴 새 없이 공장이 건설되었다. 낙동강
은 공업화 전진기지였다. 박정희 정권 시절 경제개발 5개년 계획을 통해 구
미 국가공단이 들어섰고, 그 후 포항엔 중화학 공업기지가 들어섰다. 이어
울산, 창원, 마산, 부산 등의 지역에 스물여섯 개의 공단이 건설되었다. 이
중 대구·경북 지역에 스물네 개의 공단이 세워졌다. 공단이 건설되면서 일
자리를 찾아 유입된 인구도 급격하게 늘어났다. 부산·경남 시민들은 대도
시인 대구의 하수와 공단의 폐수가 섞여든 강물을 먹고 있다.

이준경 씨가 4대강 사업의 목적인 수질 개선 문제의 대안을 제시한다.

> "낙동강은 최근 10년 동안 수질이 많이 개선되었습니다. 1991년에 페
> 놀 사태가 터졌죠? 수질에 영향을 미치는 주 오염원은 화학물질을 내
> 보내는 공장 폐수입니다. 문제는 공장에서 배출되는 난분해성 화학물
> 질을 잡아야 한다는 것입니다. 오염된 폐수를 강이나 하천에 내보내지
> 않고 재활용하는 무방류 시스템이 대안입니다. 무방류 시스템을 도입

해 폐기물을 처리하면 수질 오염에 대한 위험이 해소됩니다."

4대강 사업은 수질개선과 함께 수량 확보를 내걸고 있다. 정부는 부산 경남지역 취수원을 246킬로미터 거리의 남강댐으로 옮기는 사업을 추진했다. 남강댐 증고사업에 따르는 비용 역시 천문학적이다. 최근에는 '낙동강 유역종합치수계획'에서 신규 댐으로 지리산댐을 건설할 계획을 세웠다. 지리산댐을 건설해 부산·경남 지역의 물 공급원으로 삼겠다는 것이다. 이준경 씨가 수량 확보 사업의 문제점을 설명했다.

"4대강 사업은 낙동강에 10억 톤의 물을 확보하는 게 목표입니다. 다른 강은 밖으로 빠져나가는 강물이 없습니다. 그런데 구미, 포항, 울산의 공장에서 공업용수로 낙동강 물을 사용해요. 이렇게 1년이면 7억 톤의 물이 빠져나갑니다. 그러니까 이 물이 안 빠져나가게 하면 되죠. 방법은 공업용수로 사용하는 물을 재활용하는 것입니다. 포항제철이나 현대자동차는 세계적인 글로벌 기업인데 재활용 비율이 거의 제로입니다. 고도처리를 통해 재활용하면 수량 문제가 해결됩니다."

참고로 미국 플로리다 지역의 물 재이용 비율이 50퍼센트인데 반해 우리나라는 1퍼센트에 그치고 있다.

화원유원지를 떠난다. 버스를 타고 다리 위에서 낙동강을 바라본다. 구불구불 몸을 틀며 앞으로 조금씩 조금씩 흘러가는 강, 몸을 트는 곳마다 모래를 펼쳐놓는, 모래에 감싸인 강. 낙동강은 화원유원지에 이르러 제 물빛을 잃고 두 가지 색깔의 강물로 흐르고 있다. 다리 위에서 보는 강물은 검은 물줄기와 흙빛 물줄기가 더 짙은 색을 띠고 있었다.

이틀에 걸친 낙동강 답사를 마무리하고 있을 즈음, 낙동강가의 어느 절에서 한 스님은 결단의 시간을 보내고 있었다.

나 떠났다 하시고,
나 떠났다 하세요

"문수야, 불 들어간다!"

    스님의 다비식에서 들려온 소리다. 낙동강을 바라보며 한 스님이 소신공양을 했다.

    문수 스님은 어느 날 우연히 텔레비전에서 백양사를 보고 발심해 절에 찾아가 행자 생활을 했다. 출가는 해인사에서 했고 승가대학에서 학생회장을 맡기도 했다. 그는 문무관 생활을 하며 세속과 거리를 두었다. 여동생이 찾아와도 만나주지 않을 정도였다. 그를 보좌한 견월 스님도 문수 스님의 방을 한 번도 본 적이 없다고 할 정도다. 문수 스님은 견월 스님을 만나면 이런 말을 되풀이했다.

"스님, 나를 찾는 전화가 오면 나 떠났다 하시고, 누구든지 나를 찾아오면 나 떠났다 하세요. 난 어느 누구도 안 만날 겁니다."

견월 스님은 3년 동안 그와 대화를 나눈 시간이 통틀어야 두 시간 정도라고 했다. 그를 만나는 때는 하루 한 번 공양을 할 때다. 대화라야 절 마당에서 잠시 주고받는 한두 마디가 전부다. 나머지 시간은 모두 수행의 시간이었다. 견월 스님이 주로 한 얘기는 "뭐 필요한 게 없으세요?"였다. 그때마다 스님은 손을 흔들어 거절의 표현을 할 뿐 좀체 입을 열지 않았다. 보좌 스님이든 신도든 일절 신세를 지기 싫어했다.

심지어 신도들도 문수 스님이 거처하는 곳을 모를 정도였다. 소신공양 후에야 스님이 자신이 다니는 절의 주지라는 것을 알게 된 이들이 많았다.

세속을 멀리했지만 스님은 한 차례 수행을 마친 후면 배낭을 메고 인도, 네팔 등의 불교성지를 순례했다. 다른 스님들에게도 성지순례를 종종 권했다.

세상을 떠나기 전날. 두 스님은 처음으로 긴 대화를 나누었다. 지보사에 3년을 머문 견월 스님이 다른 곳으로 떠날 준비를 하고 있을 때였다. 두 스님은 절 마당에 서서 얘기를 나누다 효암 스님의 방에 들어갔다. 효암 스님은 금강사 주지 자홍 스님과 함께 지내다 지보사에 와서 잠시 머물고 있었다. 문수 스님은 신문을 통해 세상 돌아가는 모습을 읽고 있었다.

"요즘 서민들 참 어렵고 힘들게 지내고 있어요."
"국민들이 하지 말라는 4대강 사업을 왜 하는 거죠? 그건 잘못된 선택이에요."

2010년 5월 31일 경북 군위 지보사 문수 스님(47)이 유서를 남긴 채

경북 군위군 군위읍 사직리 위천 제방에서 불에 타 숨진 채 발견됐다.

유서의 내용은 이러했다.

"이명박 정권은 4대강 사업을 즉각 중지 폐기하라. 이명박 정권은 부정부패를 척결하라.

이명박 정권은 재벌과 부자가 아닌 서민과 가난하고 소외된 사람을 위해 최선을 다하라."

스님은 살아온 날들을 회상하며 출가하지 않았으면 건축 설계를 했을 거라고 말했다. 하지만 스님의 한쪽 손엔 엄지와 새끼손가락만 남아 있었다.

견월 스님은 문수 스님에게 지난 3년 동안 신문을 넣어주었다. 스님의 방엔 신문이 가득히 쌓여 있었다. 문수 스님은 이날 방을 깨끗하게 청소하고 쌓여 있는 신문을 모두 태웠다. 그리고 천여 개 남짓한 그릇이 방 안 가득 쌓여 있었다. 공양 그릇이다. 세상을 떠나기 전날 그는 수돗가에 쭈그려 앉아 그릇을 하나하나 모두 닦았다.

평생 속세 가까이 가지 않은 스님이었지만 매일 신문을 읽고 수행을 하며 세상에 대한 끈을 놓지 않았다. 그렇더라도 하필 사람의 마을에 살지 않은 그가 어떻게 그런 선택을 할 수 있었을까?

문수 스님의 부모님은 세상을 뜨며 그에게 많은 유산을 남겨주었다. 스님은 유산을 받지 않고 여동생에게 "좋은 일에 쓰라"는 말을 했다고 한다.

스님이 남긴 유서는 평소 말없고 과묵했던 성품 그대로 간결하다. 그는 주변 사람들에게 말하곤 했다. 예전에는 모르고 지나쳤는데 이제는 발걸음 하나도 마음대로 뗄 수가 없다고. 발밑에 개미라도 한 마리 있으면 어쩌느냐고. 깨달은 자는 아이의 마음으로 돌아가 세상을 본다는 말이 무슨 말인지 알 것 같다.

얼마 전 읽은 기사가 기억난다. 어느 가수와 딸이 등산 중이었는데, 갑자기 딸이 아빠가 개미를 밟았다면서 30분간 울었다는 얘기다. 그 아이의 눈으로 4대강 공사 현장을 바라본다면 교과서 속 가르침도, 동화가 들려주는 이야기도, 어른들의 가르침도 더 이상 믿기 어려울 것이다.

나는 낙동강으로 가는 버스 안에서 답사 일행에게 〈부처님과 비둘기〉라는 짧은 우화를 읽어주었다. 며칠 후 소신공양 소식을 듣고 내 머릿속엔 동화 속에서 비둘기 한 마리를 위해 자신의 생명을 다 바쳐야만 했던 부처님의 오체투지가 떠올랐다.

문수 스님은 도반들에게 "내가 소신해야 4대강 사업을 해결할 수 있겠다"고 말했다. 하지만 지금도 강변 도처에서 포클레인 소리가 그치지 않는다. 나는 스님께서 세상에 강 하나를 남겨주고 떠난 것이라고 생각했다.

강변에 머리를 두고 한 스님이 죽었다.

문수 스님이 '함부로 발을 뗄 수 없다'던 길을 나는 오늘도 걷고 있다.

부처님과 비둘기

어느 날 부처님이 앉아 참선을 하고 계셨다.

그때 비둘기 한 마리가 날아와 부처님께 살려달라고 애원했다. 부처님이 까닭을 묻자, 굶주린 여우가 자기를 잡아먹기 위해 쫓아오고 있다고 했다. 이를 가엾이 여긴 부처님은 비둘기를 가슴에 품어 숨겨주었다.

곧이어 여우가 달려와 부처님께 비둘기를 보지 못했느냐고 물었다. 비둘기를 왜 찾느냐고 묻자, 여우는 며칠째 주린 자신의 배를 채우기 위해 비둘기를 먹어야겠다고 했다. 그래도 남의 생명을 해쳐서야 되겠느냐고 타이르자, 여우 하는 말이 "부처님은 비둘기가 죽는 것은 가엾고, 내가 굶어 죽는 것은 가엾지 않느냐"고 대들었다.

들고 보니 그도 그렇다 싶은 부처님은 여우에게 비둘기 살만큼 자신의 살을 베어주기로 했다.

여우는 비둘기의 살보다 조금도 모자라선 안 된다며 저울을 가져왔다. 저울 한쪽에 비둘기를 올려놓고 난 뒤 부처님은 자신의 허벅지 살을 베어 한 편에 올려놓았다. 그래도 저울 눈금은 변화가 없었다. 다시 팔을 베어 얹고, 다리를 베어 얹었지만 저울 눈금은 같아지지 않았다.

별 수 없이 부처님 자신이 저울대로 올라가자, 이번에야 저울 눈금은 비둘기와 똑같아졌다.

카메라를 들고 강변을 어슬렁거린다. 내 마음은 슬픔으로 가득하다. 강바람에 실려 오는 중장비들의 디젤유 냄새 때문일까? 풍경사진이 그리 쉽지 않다는 것을 나이 마흔 중반에 알았다. 전에는 그리도 사람이 어려웠는데, 이제는 가만있는 풍경이 더 어렵게 다가온다. 풍경은 그저 저기 있는데 찍는 사람의 마음에 따라 그 모습을 바꾸기 때문이다. 하루 동안에도 시간에 따라, 날씨에 따라, 계절에 따라 풍경은 수시로 변화하는데, 그저 한순간을 찍어내기에 내 능력과 마음이 모자란다.

내가 이 사진들을 찍기 시작한 2010년 봄부터 그해 겨울까지 우리의 강은 참으로 많이 변했다. 이 변화는 오직 인간이 강제로 그 형체를 바꾼 데 있다. 강의 깊이도, 강변의 모습도, 강 주변의 총체적인 풍경이 변했다. 수만 년을 거쳐 변화해야할 강의 얼굴이 단지 2년 만에 이리 된 것이다. 그리고는 이 변화가 정권 안정화를 위해, 토건 마피아를 위해, 개발 만능의 관료를 위해 했다 하지 않고 병든 강을 살리기 위해 그리 했다고 한다.

이 책은 진보신당에서 진행한 〈흐르는 강물처럼〉이라는 기행의 결과물
이다. 여섯 번, 4대강을 다녔고 추가로 모자란 것을 몇 번 더 취재했다. 이
기행에는 연 인원 180여 명이 참여해 각자의 능력대로 4대강을 기록했다.
그중에서 시인 송기역이 르포를 쓰고 필자가 사진을 찍은 것으로 이 책을
상재하게 되었다. 함께한 모든 이들에게 고마운 마음이다. 또 이 책이 만들
어질 수 있도록 물심양면으로 돌봐준 〈레디앙〉 식구들에게도 감사한다.
이들의 도움이 없었더라면 기행 자체도 힘들었을 것이다.

오늘도 금강변에는 '럭셔리'한 고층 빌딩들이 올라가고 있다. 풍치가 좋
으니 세종시 입주민에게 고가에 공급될 것이다. 하지만 이것이 발전이고 경
제가 부흥하는 것이라 강변하는 이들에게 "제발 공사 좀 그만하라"고 소리
치고 싶다.

하지만 지역 주민들의 소외와 눈물도 모르는 '타지 것'들이 남의 강에 와
서 이러쿵저러쿵 한다는 이야기를 너무 많이 들었다. 주먹질도 당해봤다.
하지만 한번만이라도 이명박 정권과 그들의 입장을 앵무새처럼 옮기는 관
료의 말을 100퍼센트 믿지 말고 함께 고민해 보시길 원한다. 고향의 물길을
한강처럼 바꿔놓고 보(洑) 옆에 수변공원을 화려하게 꾸며 놓으면 누가 찾겠
는가? 낙동강이 한강이 되고, 영산강이 한강이 되고, 금강이 한강이 되었는
데 말이다. 마지막으로 답사 여행을 함께 했던 아들 현우에게 들려주고픈
노래가 있다. 내게는 정겹지만, 아마도 아이들에게는 무척 낯설 것 같다.

엄마야 누나야 강변 살자

뜰에는 반짝이는 금모래 빛

뒷문 밖에는 갈잎의 노래

엄마야 누나야 강변 살자

 − 김소월, 〈엄마야 누나야 강변 살자〉

2011년, 입춘이 지난 충무로 사무실에서

이상엽

4대강 르포르타주

흐르는 강물처럼

우리 곁을 떠난 강, 마을, 사람들의 이야기

초판 1쇄 펴낸날 2011년 3월 30일
초판 2쇄 펴낸날 2011년 4월 29일

지은이 | 송기역·이상엽
펴낸이 | 이광호
펴낸곳 | (주)레디앙미디어
편   집 | 이정신
마케팅 | 이상덕
디자인 | 디자인커서
출   력 | 스크린출력센터
인   쇄 | 미래 프린팅(주)

출판등록 | 2006년 11월 7일 제318-2006-00128호
주소 | 서울시 영등포구 여의도동 13-5 오성빌딩 1108호
전화 | 02)780-1521 팩스 | 02)780-1522
홈페이지 | www.redian.org
전자우편 | book@redian.org

ⓒ송기역·이상엽, 2011

ISBN 978-89-94340-06-7 03300

책값은 뒤표지에 있습니다.

이 책의 내용 일부 또는 전부를 인용, 재사용하실 경우 반드시 위 저작권자들과 출판사의 동의를 얻으셔야 합니다.

이 도서의 국립중앙도서관 출판시도서목록(CIP)은 e-CIP홈페이지(http://www.nl.go.kr/ecip)와
국가자료공동목록시스템(http://www.nl.go.kr/kolisnet)에서 이용하실 수 있습니다. (CIP제어번호 : CIP2011001318)

* 130쪽, 160쪽, 163쪽, 174쪽, 178쪽, 180쪽, 186쪽의 사진과 사진 설명은 박용훈 님이 찍고 쓴 것입니다.

이 책에 인용된 김곰치의 글은《발바닥 내 발바닥》(녹색평론), 안미선의 글은《녹색평론》제110호.(녹색평론),
박이도의 글은《을숙도에 가면 보금자리가 있을까》(문학동네)에 수록되어 있고 해당 저작권자의 인용 허락을
받았습니다. '꽃다지'의 노래〈난 바다야〉의 가사 역시 해당 저작권자의 인용 허락을 받았습니다.
책에 실린 모든 자료의 저작권 문제 해결을 위해 최선의 노력을 다했지만, 확인이 되지 않은 자료는 추후에
해당 저작권자와 저작권 문제를 협의하겠습니다.